Le

Der Weg zu Diagnose und Management der

Histaminintoleranz

Aus der Sichtweise einer Betroffenen

Von Genny Masterman

„Des einen Nahrung ist des anderen Gift."

Lucretius

„Allein die Menge macht das Gift."

Paracelsus

Danksagung

Ich bin mittlerweile vielen Leuten großen Dank schuldig und möchte mich hiermit schon im Vorhinein bei denen entschuldigen, deren Namen ich vielleicht ausgelassen habe. Einige von Euch waren in letzter Zeit sehr geduldig und gütig mit mir. Besonderer Dank geht an meine Mutter und meine ganze Familie. Ohne deren Unterstützung hätte ich diesen schwierigen Weg nicht so leicht beschreiten können.

Vielen, vielen Dank auch an die Menschen, die mich auf ihre individuelle Weise unterstützt haben. Besonders Leo Mazakarini, der mir als Mentor geholfen hat, überhaupt ein Buch schreiben zu können, und ohne dessen Hilfe ich dies nicht geschafft hätte. Auch an Prim. Univ. Doz. Dr. A. Thomas Endler, Prof. Dr. med. Martin Raithel am Universitätsklinikum Erlangen, Univ.-Doz. Prim. DI. DDr. Hans Schön, Prof. Thomas Bieber, PH.D. Natalija Novak und Ralph Bauer der Universität Bonn, Ing. Mag. Dr. Fabian Kanz an der Medizinischen Universität Wien, Dr. Ken Fleming, Dr. Hassan Abdulrazzak, Mag. Helmuth Schmutz, Angelika Widhalm, Präsidentin der Wiener Selbsthilfe FruLak&Co und ihren Mitarbeitern, Dr. Susanne Feigl, Pamela T., Sabine Geyr, Sylvia Obenauer, Mag. Michael Zechmann und das Team des nmi-Portals (Portal für Nahrungsmittel-Intoleranz), John Collard, Allergy UK's Muriel Simmons und Lindsay McManus, der Schweizer Interessensgemeinschaft SIGHI, Ronke Shona, die unglaublich geduldige Lebensmittelwissenschaftlerin, die viele Diskussionen mit mir aushalten musste, Andrea König von der Mastozytose Initiative, und an Diätologin Cornelia Boboschewski-Sos. Weiterer Dank auch an den Fleischhauer Wally Dutton & seine Mitarbeiter bei Duttons Butchers, Keith bei Rose Farm, Kay und alle auf Winsors Farm Shop, die wunderbare Diana Mather, Rex Bloomstein, Joe Barth, Mike Wadding, Jonathan & Selina, Sarah Green, Mark Sangster, die vielen Paul's um mich herum, Steven R. Hywel W., Jon A., Charles O. und dem Northern Advantage Team, Leigh Wharton, Dan Hartenstein, Susan & Helmut Katzmann, Andi Link, Renate Wiener, Claudia Dohr-Curran, Sybille

Lindenbauer, Eva Kramberger und meine engsten Freunde Gerald Wiener und Andi Komenda.

Zu guter Letzt ein großer Dank an alle Mitglieder der Facebook-Gruppe, die Unterstützer der Facebook Page, und auch an diejenigen, die mir dabei geholfen haben, die Webseite www.histamineintolerance.org.uk aufzubauen, und mich dazu überredet haben, einen Blog zu schreiben. Dieses Buch ist für Euch mit den besten Absichten geschrieben worden.

Inhalt

1. HIT

Zuerst müssen Sie sich meine „mysteriöse" Geschichte anhören...
Ich erzähle hier meine Geschichte und warum ich dieses Buch geschrieben habe. Mein Wunsch ist es, allen, die in einer ähnlichen Situation sind, die Möglichkeit anzubieten, mit meinen Erkenntnissen ein Stück Lebensqualität in Ihr tägliches Dasein zurückzubekommen.

Es war einer meiner schönsten Sommerbesuche in Wien. In der Stadt „an der blauen Donau" bin ich aufgewachsen, und ich komme oft dorthin zurück, um meinen Vater zu besuchen und meine Freunde wiederzusehen. Obwohl ich jeweils zur Hälfte Holländerin und Engländerin bin, habe ich die meiste Zeit meines Lebens in Österreich verbracht. Sie müssen wissen: Ich bin ein positiver Mensch, der gerne lacht, viel Energie hat und mit kleinen Wehwehchen locker umgeht. Sollte dieses Kapitel etwas verjammert klingen, entspricht das nicht der Person, die ich normalerweise bin. Um den Hergang meiner Geschichte verständlicher zu machen, muss ich ins Detail gehen. Also holen wir einmal tief Luft..., und los geht's.

Ich hatte mich bereits seit einiger Zeit, gelinde gesagt, ein wenig flau gefühlt. Ein paar Wochen, bevor das richtige Abenteuer begann, hatte ich wegen einer Zahninfektion Antibiotika genommen. Später, während meiner Entdeckungsreise zu mir selbst, fand ich heraus, dass dieses Medikament eine Substanz enthält, die ich besser nicht hätte einnehmen sollen. Das wusste aber damals niemand, weil es ja noch keine Diagnose gab. Das Fass meiner Befindlichkeiten war voll, und es brauchte nur noch wenig, um es in zum Überlaufen zu bringen. Das Resultat war eine sehr heftige Reaktion. Davon später.

Etwa ein Jahr davor hatte ich in vermehrtem Ausmaß das Gefühl von Müdigkeit, hatte hin und wieder auch Durchfall. Zusätzlich plagten mich zuweilen immer stärker werdende Krämpfe in meinem Bauchraum. Aber da dies alles nicht regelmäßig stattgefunden hatte, spielte ich es herunter, so wie wir das alle hin und wieder tun. Meine Schuppenflechte, die mich, seit ich denken kann, treu begleitet, wurde immer schlimmer: und breitete sich aus. Ein weiteres Jahr davor hatte mich ein Nesselausschlag geplagt, der aber nach einigen Monaten verschwunden war. Kein Mittel, das ich auf die mysteriösen roten runden Fleckchen schmierte, schien zu helfen. Sie verschwanden einfach von einer Woche zur nächsten, ohne dass ich etwas getan hätte. Das Schmieren hatte ich damals schon aufgegeben. Zu jenem Zeitpunkt wusste ich noch nicht, was ich eigentlich hatte. Erst während meiner Recherchen für dieses Buch fand ich heraus, was es gewesen sein könnte. Einige Jahre lang neigte ich auch dazu, allsommerlich geschwollene Beine zu bekommen. Meine Augen waren am Morgen verklebt. Ich machte die Kontaktlinsen dafür verantwortlich, trug sie aber aus purer Eitelkeit weiter. Die Uhr konnte man vormittags nach meinen regelmäßigen Niesanfällen kurz nach dem Frühstück stellen. Auch da hatte ich einen Schuldigen gefunden: mysteriöse Pflanzen, welche in meiner Theorie das ganze Jahr lang Pollen freisetzen mussten und überall vermutet wurden, da meine Nieserei nicht ortsgebunden war. In meinen frühen Zwanzigern entwickelte ich ein leichtes Zittern und wurde oft gefragt, warum ich denn so nervös sei – obwohl ich mich doch zufrieden und ruhig fühlte. Als ich anfing, mich über diese Fragen aufzuregen, wurde die Schüttelei zunehmend heftiger, besonders in Prüfungs- und Stresssituationen war der innere Kampf nicht zu gewinnen, vor allem dann, wenn mein Kopf arg zu wackeln begann, nachdem sich das Zittern durch meinen ganzen Körper geschleust hatte. Ich hatte das Gefühl, er könnte von den Schultern fallen. Die Liste der Symptome und Ereignisse ist lang, und ich hatte immer eigendiagnostizierte Begründungen parat, die alles erklären konnten.

Meiner Vermutung nach brauchte ich einfach nur ein wenig Ruhe, weil ich gestresst war. Die Bauchkrämpfe, dachte ich, würden auftauchen, weil ich die Regel bekommen würde, obwohl sie oft nicht einsetzte, und den Durchfall hatte ich, weil ich vielleicht verdorbene Lebensmittel gegessen hatte, oder…. Verwirrt? Ich war es auf jeden Fall!

Vielleicht hatte ich ja nicht so unrecht mit meiner Theorie, dass Produkte verdorben gewesen sein könnten. Weiter kam ich aber mit meinen Spekulationen nicht. Heute weiß ich, dass Rohschinken und ältere Käse, zwei meiner Lieblingsprodukte, einen höheren Histamingehalt enthalten. Nicht weil sie verdorben sind, sondern wegen der Art und Weise, wie und wie lange sie gereift werden, um den richtigen Geschmack zu gewinnen.

Also, kommen wir doch zurück auf meinen Wien Besuch während einiger wohlig warmer Sommertage. In dieser Zeit verbrachte ich meine Abende oft bei Freunden. Es war heiß, die Fenster standen offen, wir tranken guten Rotwein, aßen leckere Gerichte - oft mit vielen Tomaten drinnen - und unter Tags arbeitete ich mit viel Spaß an einem Projekt für einen Kunden. Dann ging eines Tages alles plötzlich schief. Die Krämpfe wurden schlimmer, ich wurde entsetzlich müde. Obendrein verschlechterte sich mein Zustand. Ich litt unter schweren, schmerzhaften Blähungen und länger werdenden Besuchen auf der Toilette. „Muss wohl ein Virus sein" dachte ich. Zum Arzt gehen wollte ich nicht. Dafür hatte ich sowieso keine Zeit. So wie öfters in der Vergangenheit, dachte ich, würde es sicherlich wieder vergehen. Es dauerte Wochen. Vielleicht doch kein kleiner Virus, und vielleicht doch ein Besuch beim Onkel Doktor.

Endlich saß ich vor ihm, erzählte ihm von meiner Misere – und dass ich weiterarbeiten müsse, weil ich ja eine Freischaffende bin und Angst habe, Kunden zu verlieren .... Eine zufriedene Kundschaft ist nun einmal wichtig, damit ich auch weiterhin wieder Jobs bekomme. Ich arbeite als Produktionsleiterin, Associate Producer und Location Manager an Dokumentarfilmprojekten für diverse Firmen im deutschen und englischen Sprachraum. In diesem Beruf stehen wir oft unter Zeitdruck. Die Tage sind lang, manchmal stressig, aber es ist es allemal wert. Dokumentarfilme machen ist einfach wunderbar, ist erfüllend. Um das durchzuhalten, muss man fit sein, sonst bleibt man nicht lange in der Industrie. Die Konkurrenz ist groß, und nur diejenigen, die alle Voraussetzungen erfüllen, bleiben auch drinnen.

Ich hatte den Arzt – weil ich ja in England wohne - ein paar Jahre nicht mehr gesehen. Er kannte meine Krankengeschichte wie kein anderer, was am Ende auch mein Glück war. Meine Arztbesuche hatten ja stets dort stattgefunden, wo ich mich gerade bei meinen Reisen durch die Weltgeschichte aufhielt. Deshalb sind meine Daten an vielen Orten verstreut. Ich erzählte ihm vom vergangenen Jahr, dass ich bei einigen Ärzten wegen der wiederholt aufgetretenen Krämpfe im Unterbauch gewesen war. Die fanden aber nie etwas. Sie waren sich jedoch alle einig, dass mit mir alles in Ordnung war! Stimmte das wirklich? Denn jetzt war ich mir ziemlich sicher, dass alles nicht in Ordnung war. Oder war ich am Ende gar zum Hypochonder geworden?

Der Arzt hörte mir geduldig zu. Dann las er mir freundlich und bestimmt die Leviten. Ich hätte ihn schon vor vier Wochen, als das Ganze begonnen hatte, aufsuchen sollen. Mit Durchfallerkrankungen dürfe man nicht spielen. Er schlug mir ein paar Tests vor, einen davon zur Feststellung eines Enzyms namens „Diaminoxidase". Er erklärte zwar, was das für ein Test wäre und warum man ihn machen sollte, aber es ging bei einem Ohr rein und beim anderen raus. Ich war zu erschöpft, um irgendeine Information aufzunehmen.

Ein paar Tage danach verschlechterte sich die Situation: Mein Körper konnte weder Nahrung noch Getränke aufnehmen. Ich fing an zu dehydrieren, verlor also Wasser aus dem Körper, und das obwohl mein berufliches Projekt gerade mitten in der heißen Phase war. Gerade jetzt musste ich meinen Kollegen gestehen, dass es mir gar nicht gut ging. Mein Blinddarm sei beleidigt, erklärte ich, denn auch der war mittlerweile in Mitleidenschaft gezogen worden. Ich versprach ihnen, einen Ersatz bereitzustellen, falls ich ausfallen sollte.

Endlich kamen die Testresultate. Meine Diaminoxidase-Werte waren zu niedrig. Der Arzt diagnostizierte Histaminintoleranz (HIT).

„Was heißt das praktisch?" fragte ich ihn. Ich soll vor allem Tomaten, Melanzani, Spinat, Rohschinken, älteren Käse und ganz besonders den mir doch ach so gut schmeckenden roten Wein meiden. Mit Infos bepackt verließ ich die Praxis und flog zurück nach Hause, nach England. Endlich hatte ich einen Namen für das, was mich plagte.

Die Liste der „verbotenen Nahrungsmittel" wurde lang, sehr lang. Auf den ersten Blick konnte man meinen, es bliebe gar nichts Richtiges zum Essen übrig. Und das Besondere: All diese Nahrungsmittel hatten bisher die Basis meiner Ernährung gebildet. Panik brach aus. Dennoch - es war der Anfang eines neuen Lebens, eines wunderbaren Lebens, das bald wieder voller Energie war, und vor allem ohne Schmerzen.

Wieder zu Hause in England, versuchte ich, einen Diätassistenten aufzutreiben, der mir helfen sollte, einen spezifischen Diätplan auszuarbeiten. Ich fühlte mich nämlich wie ein Fisch auf dem Trockenen, brauchte professionelle Hilfe. Es dauerte ewig lange, bis ich einen Termin über das englische Gesundheitssystem bekommen konnte, und irgendwann ergriff ich die Initiative und dursuchte das Internet. Die deutschsprachigen Seiten waren am hilfreichsten, ich kaufte darüber hinaus deutschsprachige Bücher über das Thema – im englischsprachigen Bereich gab es ja sehr wenig Informatives für Laien. Die englischen Webseiten waren unklar, kompliziert und mit medizinischem Fachjargon gespickt. Als durchschnittlich gebildeter Mensch kannte man sich damit nicht aus und verstand nichts. Die Diätassistentin, bei der ich endlich einen Termin bekommen konnte, war sehr nett. Sie gab sehr ehrlich zu, dass sie von dieser Unverträglichkeit noch nie gehört hätte und gab mir ein paar wertvolle generelle Tipps. Sie tat für mich, was in ihrer Macht stand, nachdem ich, die Patientin, ihr erklärt hatte, was ich im World Wide Web an Informationen gefunden hatte. Mittlerweile hatte ich mein bisheriges Wissen über Histaminintoleranz einigen Leuten in meinem Umfeld erklärt, war also auch schon ziemlich in Fahrt.

Die Ernährungsumstellung schien die ersten Früchte zu tragen. Eine kleine Auswahl dessen, was ich essen durfte, waren Reis-, Mais-, und Kartoffelgerichte, verschiedenste Obst- und Gemüsesorten, Frischkäse und frisches Fleisch. Nach vier Wochen ging es mir um einiges besser. Was ich nicht im Traum von mir selbst erwartet hätte, ist eingetreten. Ich fing an, mich gesund zu ernähren, versuchte, mehr über das "5 am Tag"-Prinzip[1] zu lernen... und, oh Wunder, ich lernte auch noch zu kochen. Irgendetwas war immer noch nicht in Ordnung. Ich bekam dennoch aus heiterem Himmel schwere und schmerzhafte Blähungen und Durchfall. Das war mitunter so schmerzhaft, dass ich mich am Boden wälzte und jammernd nach Atem rang. Wo nur lag der Fehler? Den Alkoholkonsum hatte ich komplett eingestellt, wobei ich, was das betrifft, zu manchen Zeiten nicht immer so diszipliniert war.

Bei meinem nächsten Wien-Aufenthalt besuchte ich, wie stets, meinen Vater. Wir schauten gemütlich fern, und seine Frau hatte mir ein sehr leckeres histaminarmes Abendessen gekocht. Da sehe ich doch im Österreichischen Rundfunk (ORF) – gibt es Zufälle? - einen Bericht, der grob erklärte, was HIT ist, nämlich Histaminintoleranz, und er zeigte eine HIT-Patientin, die über zwei weitere Unverträglichkeiten klagte. Man sieht, wie sie mit dem Filmteam durch einen Supermarkt geht und erklärt, wie sie ihre Produkte auswählt. Diese Frau musste ich sofort finden, kontaktieren. Durch sie kam ich dann in Kontakt mit anderen HIT-Patienten, Mitglieder einer Wiener Selbsthilfegruppe. Jeder, mit dem ich damals gesprochen habe, riet mir, noch weitere Tests zu machen, denn es gäbe fast keinen, der nur HIT alleine habe. Die Geschichten, die ich über ihre Erfahrungen hörte, waren teilweise überwältigend. Was ich hier über meine Suche nach der Wahrheit hinter meinen Symptomen erzähle, ist im Gegensatz zu anderen Erzählungen ein richtiger Lappen.

---

[1] "5 am Tag" ist eine Kampagne, die versucht, die Bevölkerung dazu zu motivieren, 5 Portionen Obst und Gemüse am Tag zu essen.

Nach England heimgekehrt, kontaktierte ich eine Hausarztpraxis. Natürlich musste ich alles noch einmal erklären, weil ich diesmal einen anderen Arzt zugeordnet bekam als beim letzten Mal. Das System arbeitete so langsam, dass ich bis zu meinem nächsten Wien-Besuch noch immer kein Resultat hatte. Die Entscheidung war einfach und schnell getroffen: Ich suchte wieder denselben Wiener Arzt auf wie letztes Mal. Hier muss ich zugeben, dass ich beim ersten Testtermin noch nicht wahrhaben wollte, dass noch weitere Nahrungsmittelunverträglichkeiten festgestellt werden könnten. Ich konnte mir zum damaligen Zeitpunkt noch nicht vorstellen, zwei erforderliche Diäten, die vielerlei ausschlossen, miteinander zu kombinieren. Sollte eine solche Diagnose erfolgen, dachte ich, so könne ich mich gleich hinlegen und sterben. Damals sagte ich mit einem aufgesetzten Lächeln zum Doktor: „Ich bin mir ganz sicher, dass ich nichts anderes habe. Aber ich will es einfach nur überprüfen und beweisen, dass das auch stimmt."

Es folgte eine Test-Inflation: untersucht wurde ich nach Verträglichkeit von Gluten, Laktose, Fruktose und für eine lange Reihe von Allergien. Alle Tests waren negativ… einer nicht. Ich hörte, dass ich auch eine Fruktose-Malabsorption habe, das ist eine Unverträglichkeit von Nahrungsmitteln mit einem höheren Fruchtzuckergehalt, die unter anderem zu schweren Darmproblemen führt. Ich wusste endlich, was mir fehlt, und ich konnte handeln. Wer hätte das gedacht?! Es war ein kleines Wunder, ich kann nun meine Symptome kontrollieren, obwohl es am Anfang wirklich nicht einfach war. Ein dickes, fettes Dankeschön an alle medizinischen ExpertInnen und Betroffenen in Wien!

Innerhalb von sechs Monaten habe ich gelernt, verschiedenste Gerichte zu kochen, die mir zuvor nie in den Sinn gekommen wären. Ich habe auch gelernt zu experimentieren, verschiedene gewöhnlich von mir nicht verträgliche Gerichte herauszusuchen und sie in verträgliche zu verwandeln. Die Folge: Meine Symptome haben sich nach und nach über ein paar Jahre, bis auf kurze Zeit vor der Regel, stark reduziert, und mit etwas Glück werden sie eines Tages gar nicht mehr auftauchen. Aber wer weiß schon, wann und ob. Was mich betrifft, werde ich einfach damit leben und, mittlerweile sehr erfolgreich, damit umgehen müssen.

Ich entdeckte nun auch, dass in England leider nur wenige Mediziner von der Histaminintoleranz etwas wissen. Der medizinische Wissensstand mag zwar am europäischen Kontinent nicht perfekt sein, ich kann jedoch bestätigen, dass das Thema im deutschen Sprachraum bereits viele erreicht hat. Jede zweite Person, mit der ich dort darüber geredet habe, hatte davon gehört, weiß zumindest in groben Zügen, was HIT ist. Ich habe auf meinen Reisen Leute getroffen, die diesbezüglich bereits diagnostiziert worden sind. Manche Apotheken sind heutzutage in der Lage, gleich nach Informationen in ihren Datenbanken zu suchen, und manche können einen bezüglich der nun reduzierten Medikamentenauswahl beraten.

Als Tochter von zwei ehemaligen Auslandskorrespondenten, und auch, weil mein eigener Karriereweg mich in die Welt der Dokumentarfilme gebracht hat, stürzte ich mich Hals über Kopf in hektische Rechercheaktivitäten, um herauszufinden, was denn da Sache ist. Es schaut leider sehr traurig für diejenigen aus, die von dieser Unverträglichkeit betroffen sind. Die meisten kämpfen mit ihrem Diätplan, wissen nicht, welche Medikamente sie nehmen dürfen oder meiden sollen, und haben keine Ahnung, wie sie ihre Symptome von anderen möglichen Gesundheitsstörungen unterscheiden sollen. Viele werden diagnostiziert und dann, ohne weitere Betreuung, einfach stehen gelassen. Hier stellt sich mir die Frage: Und das in einer so stolz als großartig modern bezeichneten Welt?

Wie groß die Anzahl jener Personen ist, die derzeit von der HIT betroffen sind, darüber gibt es vage Schätzungen. Doch Statistiken helfen uns nicht weiter. Wir sind keine Zahlen! Wir sind Einzelpersonen, jeder von uns hat ein eigenes Leben, Familie und Freunde. Der Einzelne zählt!

Am wichtigsten ist, dass eine ordentliche Hilfe für diejenigen angeboten wird, die diese unangenehme Unverträglichkeit haben. Da die Nahrungsumstellung der Schlüssel zur Besserung ist und es nicht wirklich tolle diesbezügliche Angebote im Handel gibt, lässt auch das Interesse an großartigen Recherchen schnell nach. Und es fehlt auch eine breite Interessens-Gemeinschaft, die nur über die Medien gebildet werden kann. Die Medien brauchen von der Wissenschaft Signale, dass diese gesundheitliche Störung wirklich vorhanden und behandelbar ist. Es scheint auch so zu sein, als hätte die pharmazeutische Industrie nur wenig Interesse daran, weitere wissenschaftliche Untersuchungen zu finanzieren, zumal sich dabei herausstellen würde, dass eine Reihe von Medikamenten für viele ihrer Konsumenten unbrauchbar wären. Es ist auch nachvollziehbar, dass die Nahrungsmittelindustrie sich nicht für diesen (wachsenden) Markt einsetzt. Sie müsste ja damit indirekt zugeben, dass manche der heute angebotenen Gerichte chemische Zeitbomben für HIT-Patienten sein könnten. Hier ist der „anaphylaktische Schock[2]" anzuführen und seine Bedeutung zu erklären.

ABER:

Ich werde nicht aufhören, Aufmerksamkeit auf diesen Themenkreis zu richten, bis er offen und ehrlich diskutiert wird und bis es ein akzeptables System zum Schutz von HIT-Patienten in Krankenhäusern, Arztpraxen, Büros der Diätassistenten, bei Zahnärzten und wirklich bei allen Zuständigen gibt. Betroffene sollten mit einem entsprechenden Pass ausgestattet werden, ähnlich wie bei den Diabetikern. Sie dürfen nicht mehr von Spitälern mit Aussagen wie „Bleiben Sie ein paar Tage im Bett" abgewimmelt werden, nur weil der Arzt nicht weiß, wie er mit dem Leidensumstand des Patienten umgehen soll. Ich konnte mich vor Zorn kaum halten, als ich eine

---

[2] Anaphylaktischer Schock: Eine lebensbedrohliche Schockreaktion des Körpers, die durch eine Überempfindlichkeit eines Menschen gegenüber bestimmten Substanzen ausgelöst wird. Dabei kommt es, unter anderem, zu einem Überschuss an freigesetztem Histamin im Körper.

gemeine Infektion in den Griff bekommen musste, nachdem ich von einem Londoner Spital mit eben zitiertem Satz heimgeschickt worden war - was für meinen Histaminspiegel nicht förderlich war, der automatisch hochgeht, wenn man unter Stress steht. Wenn Krankenhäuser in der Lage wären, eine gezielte Ausbildung anzubieten und mehr Informationen bereitstellten, würden solche Zustände gar nicht eintreten.

Die folgenden Kapitel stützen sich auf wissenschaftliche Literatur aus aller Welt. Die Quellen befinden sich im Anhang. Auf welche Schlüsse Sie auch immer kommen mögen, nachdem Sie dieses Buch gelesen haben: Wenn Sie meinen, oder es bereits wissen, HIT-Patient zu sein, so konsultieren Sie Ihren Arzt und sprechen Sie mit einem professionellen Diätassistenten. Besser noch, wenn Sie sich an einen Experten für Allergien und Nahrungsmittelunverträglichkeiten wenden.

Alle, die sich für eine histaminarme Diät entscheiden, finden im zweiten Teil des Buches Rezeptvorschläge. Diese Rezepte habe ich teils selbst ausgearbeitet, teils wurden sie mir von Freunden und Verwandten vorgeschlagen. Diese Rezepte sollen als Denkanstoß dienen, und mit Rücksicht auf die Schwere der Histaminintoleranz in Kombination mit anderen möglichen Erkrankungen oder Unverträglichkeiten ausgesucht und möglicherweise adaptiert werden. Manche Rezepte werden nicht für jeden, so wie sie jetzt angelegt sind, geeignet sein. Denn kein Erscheinungsbild von HIT gleicht dem anderen, daher gibt es auch bei den Lebensmitteln Unterschiede. Haben Sie keine Angst davor, neue Versionen von Speisen auszuprobieren, die früher einmal zu Ihren großen Genüssen zählten. Bald werden Sie neue Lieblingsspeisen haben: und sich bei ihrem Genuss wesentlich wohler fühlen.

Es gibt unheimlich viele Möglichkeiten, auch wenn es am Anfang nicht so aussieht.

Also, los geht's: Experimentieren! Probieren! Kreativ werden!

2. Histaminintoleranz – Kurz und bündig

Was ist Histamin?

In der Welt der Chemie ist Histamin eines von einer ganzen Gruppe von biogenen Aminen. Histamin wird beim Abbau von Histidin, seinem Vorläufer, durch Mikroorganismen (Bakterien, Hefen) erzeugt. Dieses biogene Amin hat an ziemlich vielen Schauplätzen seine Finger im Spiel. Im Menschen befindet sich Histamin im Großteil des Gewebes im Körper. Dort wird das Histamin mit anderen Stoffen vor allem in körnchenförmigen Einlagerungen (Granula) in Lagern (Mastzellen) bereitgehalten. Es gibt auch Bestandteile des Blutes (basophile Granulozyten), die unter anderem Histamin beherbergen. Aus diesen Lagern wird es beim gesunden Menschen bei Bedarf freigesetzt, um einige Aufgaben zu erfüllen. Schauen wir uns erst einmal ein paar positive Aspekte an: Histamin hilft uns unter anderem als Neurotransmitter, trägt zur Regulierung der Körpertemperatur bei, unterstützt Lern- und Gedächtnisfunktionen und spielt auch eine Rolle im Schlaf-Wach Rhythmus. Dieses gute Histamin hilft uns bei Wundheilungsprozessen, beteiligt sich an der Abwehr von Stoffen, die dem Körper fremd sind, stimuliert unsere Magensaftsekretion und Bewegungen im Darm, überträgt chemische Nachrichten im Gehirn, hat einen Effekt auf das glatte Muskelgewebe der Lunge und des Uterus und sorgt für die Erweiterung unserer Blutgefäße. Im Großen und Ganzen ist es ein ziemliches Multitalent und ein sehr wichtiger Teil unserer körperlichen Ausstattung.

Was ist Histaminintoleranz?

Histaminintoleranz (HIT), auch bekannt als „enterale Histaminose" oder „Histaminunverträglichkeit" oder Histaminintoleranz-Syndrom (HIS), ist eine Nahrungsmittelunverträglichkeit, die in erster Linie auf einen Mangel oder eine verminderte Aktivität eines Enzyms namens Diaminoxidase (DAO) zurückzuführen ist. Diese DAO ist vor allem in der Darmschleimhaut vorhanden und dafür verantwortlich, jenes Histamin und andere biogene Amine, welche von außen durch Nahrungsmittel in unseren Körper gelangen, abzubauen. Beispiele von Nahrungsmitteln, die bisher generell mit höheren Histaminwerten, also als histaminreich bewertet wurden, sind Tomaten, Spinat, Melanzani, Avocado, eingelegte Nahrungsmittel wie Sauerkraut, gepökeltes und geräuchertes Fleisch, und gereifter Käse. Hefe steht unter Anklage, ein Histaminproduktionsbeschleuniger während der Verarbeitung von Lebensmitteln zu sein, besonders bei schlechten hygienischen Bedingungen, obwohl reine Hefe an sich kein Histamin enthalten sollte. Es gibt aber auch weitere Nahrungsmittel, wie zum Beispiel Erdbeeren und Zitrusfrüchte, von denen stark vermutet wird, dass sie Histamin, das in den Mastzellen gelagert ist, freisetzen können. Bestimmte Zusatzstoffe in Nahrungsmitteln und Getränken, beispielsweise Glutamat, Lebensmittelfarbe und Sulfite sollen die gleiche Auswirkung haben. Auf die einzelnen Nahrungsmittel werden wir später näher eingehen.

Es gibt noch ein weiteres Enzym, welches sich Histamin-N-Methyltransferase (HNMT) nennt und im menschlichen Gewebe zu finden ist. Es befindet sich bezüglich der Relevanz für HIT-Patienten in seiner Wichtigkeit zwar an zweiter Stelle, sollte aber nicht ganz ignoriert werden! Wenn Patienten mit Histaminintoleranz zum Beispiel Medikamente einnehmen, die dieses Enzym hemmen, sollten sie das sogleich mit Ihrem Arzt besprechen und möglicherweise auf ein anderes Medikament umsteigen.

Was ist Diaminoxidase (DAO)?

Etwas verwirrend für einige Patienten ist, dass in medizinischen und wissenschaftlichen Kreisen die Diaminoxidase (DAO) auch unter dem Synonym „Histaminase" bekannt ist. Der Begriff „Histaminase" wurde in einem Ärzteblatt-Artikel im Jahr 2006 als „frühere Bezeichnung" definiert. Man sollte sich auf jeden Fall nicht von diesem Begriff aus der Bahn werfen lassen.

DAO ist für die Verstoffwechselung – also den Abbau – von Histamin und anderen biogenen Aminen, die enge Verwandte des Histamins sind, zuständig. Diese anderen biogenen Amine spielen auch eine wichtige Rolle bei einigen Körperfunktionen. Manche tragen als Neurotransmitter oder als Gewebehormon bei, und andere entstehen beim Verderb von eiweißreichen Lebensmitteln. Beispiele dieser biogenen Amine sind Tyramin, Dopamin, Noradrenalin, Tryptamin und Cadaverin. In Rotwein verstecken sich tendenziell höhere Mengen Putrescin und Tyramin. Cadaverin ist ein bakterielles Produkt, das wir sogar riechen können, wenn tierisches Gewebe verdirbt.

Die höchste Aktivität von DAO wurde in Teilen des Darms, in den Nieren und der Plazenta, auch bekannt als Mutterkuchen, vorgefunden.

Stellen Sie sich die DAO als ein Regiment von kleinen Leibwächtern vor, wobei die meisten von ihnen einsatzbereit darauf warten, eine Masse von heranrückendem Histamin und/oder seinen Verwandten aufzufangen. Wenn aber eine zu große Menge von Histamin anmarschiert, kann es passieren, dass die DAO-Wächter mit ihrer Arbeit nicht nachkommen, weil sie in der Minderheit sind. Es kann auch sein, dass sie sich gerade auch noch zusätzlich mit den Brüdern und Schwestern des Histamins herumschlagen. Und dann gibt es auch die Möglichkeit, dass sie von einem Außenseiter mit einer Dosis bestimmter Medikamente ruhig gestellt worden sind. Die Histamine haben dann ungestört freie Fahrt durch Ihre Verdauung und in den Rest Ihres Körpersystems und können an einem bestimmten Punkt giftige Mengen erreichen. Das könnte man dann mit einer unkontrollierten Masse vergleichen, die ein Fußballstadion stürmt.

Was ist Histamin-N-Methyltransferase (HNMT)?

Die Histamin-N-Methyltransferase ist ein körpereigenes Enzym und wird für den Abbau von Histamin im Inneren von Zellen verantwortlich gemacht. HNMT wurde in einigen Organen des menschlichen Körpers, zum Beispiel der Leber, lokalisiert.

Auch Histamin, welches aus der Nahrung über die Blutbahn und Zellzwischenräume in die Zellen gelangt - wenn es nicht von der DAO abgebaut wurde -, kann von der HNMT bis zu einem gewissen Maß abgebaut werden. Sollte zusätzlich zu einer DAO-Störung die HNMT durch bestimmte Medikamente gehemmt werden oder eine funktionsmindernde HNMT-Genvariante den Histaminabbau beeinträchtigen, dann kann HNMT die Abbaufunktion nicht mehr effektiv gewährleisten. Eine Art Dominoeffekt entsteht. Jedoch muss sich die Fachwelt noch um einiges mehr mit diesem Thema HNMT auseinandersetzen, um deutlichere Aussagen darüber machen zu können. Dieses Buch behandelt vorrangig die DAO, außer wenn die HNMT spezifisch erwähnt wird.

Wie wird eine Histaminintoleranz ausgelöst?

Also, unsere DAO-Freunde sind ein wenig empfindlich und brauchen viel Zuneigung, damit sie auch richtig funktionieren. Es gibt mehrere Gründe, warum die Funktion dieses Enzyms gestört werden kann:

- Nach einer Darminfektion ist die Produktion der DAO (= Diaminoxidase) gestört, oder das Enzym ist nicht mehr in ausreichenden Mengen in den Zellen der Darmschleimhaut vorhanden.
- Die DAO-Produktion ist wegen einer oder mehrerer anderer Nahrungsmittelunverträglichkeiten, die das Verdauungssystem belasten, beeinträchtigt (siehe auch "Andere Nahrungsmittelunverträglichkeiten"). Nicht ausschließlich, aber doch sehr oft, kommt es vor, dass bei Patienten mit multiplen Symptomen, das Hauptsymptom Durchfall ist.
- Die DAO wird blockiert oder unterdrückt und seine Funktion wird somit gestört. Wenn einem Patienten bestimmte Medikamente verabreicht werden, kann das dazu führen, dass sich die Symptome verschlimmern, weil sich im Körper die

Menge des Histamins auf einen unangenehmen Pegel aufbauen kann. Andere sogenannte Blocker verstecken sich in bestimmten Nahrungsmitteln und Zusatzstoffen.

- Weitere Nahrungsmittel, Zusatzstoffe und Medikamente haben wiederum die Eigenschaft, das Histamin, welches bereits im Körper gelagert ist, freizusetzen. Das kann zum Beispiel Morphin, das auch während chirurgischer Eingriffe in der Anästhesie eingesetzt wird. Eine Person, die nur begrenzt das freigesetzte Histamin im Körper abbauen kann und dann weitere Histamine durch die Nahrung aufnimmt, wird mit Sicherheit die Folgen spüren und ist dementsprechend in uninformierten Spitälern gesundheitlich gefährdet.
- Andere biogene Amine, (Tyramin, Putrescin, Spermin und Cadaverin) brauchen auch die DAO, um abgebaut zu werden. Putrescin wird vor Histamin von der DAO abgebaut. Das kann zu einer temporären Versorgungsknappheit des Enzyms führen. Es ist dann einfach nicht genug davon da.
- Alkohol ist ein Erzfeind unserer DAO-Freunde. Zuerst setzt er das im Körper bereits gelagerte Histamin frei. Dann verwendet er eines seiner Nebenprodukte, das Acetaldehyd, um die DAO zu unterdrücken. Somit wird der Effekt der anderen biogenen Amine, die vielleicht gerade zufälligerweise auch durchreisen, verstärkt.
- In sehr seltenen Fällen wird die DAO wegen eines angeborenen Enzymdefekts nicht ausreichend produziert.
- Sollte zusätzlich eine echte Allergie oder Kreuzallergie vorhanden sein, dann setzt der Körper als Abwehrreaktion noch extra Histamin aus den Lagern (Mastzellen) frei. Wenn dann zusätzlich histaminreiche Speisen gegessen werden, kann der Histaminwert im Körper kritische Höhen erreichen.

Eine Histaminintoleranz kann temporär auftauchen und in manchen Fällen wieder völlig verschwinden - zum Beispiel nach einem Magen-Darm-Infekt, der erfolgreich behandelt werden konnte oder nach der Entdeckung einer anderen Nahrungsmittelunverträglichkeit, die eine HIT durch Durchfall fördert.

Es gibt mehrere Mechanismen, die für gewöhnlich am Werk sind, um zu verhindern, dass zu viel Histamin unseren Blutkreislauf erreicht. Wenn aber diese Mechanismen aus den oben genannten Gründen gestört werden, wird die betroffene Person die Konsequenzen auf unangenehmste Art spüren. Der Schweregrad der Symptome hängt von der individuellen Toleranzgrenze, oder anders gesagt, wie viel DAO einem persönlich zur Verfügung steht, ab.

Lebensmittelvergiftung und HIT

Das bekannteste Beispiel einer „Histaminüberdosis" ist eine Scombroid-Vergiftung (Fischvergiftung). Hier ist eine erhebliche Histaminbildung in verdorbenen Fischprodukten, oft nach dem Verzehr von bakteriell verunreinigten und unsachgemäß gelagerten Fischen aus warmen Gewässern, unter anderem auch von Thunfisch, an diesen meist sehr schweren Lebensmittelvergiftungen beteiligt. Das kann allerdings jedem passieren. Wenn zwei Personen genau das gleiche Gericht essen, kann derjenige mit einer niedrigeren Toleranzgrenze schwer krank werden, während der andere sich nur leicht unwohl fühlt. Eine Zufuhr von Histaminmengen >200mg wird als toxisch eingestuft und gehört definitionsgemäß zum Krankheitsbild der Histaminintoxikation (Scombroidintoxikation). Die Europäische Union hat bereits einige Regelwerke zusammengestellt, damit Fischprodukte, die zu hohe Histamingehalte enthalten, schon gar nicht auf unseren Tellern landen. Eine dieser Bestimmungen begrenzt den erlaubten Histaminwert von Fischprodukten, bevor sie den Konsumenten erreichen.

Fertiggerichte und HIT

HIT-Patienten müssen sich der Gefahren, die sich in Fertigprodukten verstecken, bewusst werden. Heutzutage stützt sich eine ganze Industrie auf die Lebensmittelverarbeitung und produziert alles, von der Tiefkühlkost über Konserven in Dosen bis zu Fertigsuppen. Diese weit verbreiteten Produkte sind in allen Formen und Größen erhältlich und sind auch zu einem wichtigen Wirtschaftsfaktor geworden. Auf irgendeine Art und Weise sind wir alle von dieser

Industrie abhängig, ob es nun aus wirtschaftlichen Gründen ist, oder auch nur, um Zeit zu sparen. Aber diese Entwicklung des 20. Jahrhunderts hat auch seine Nachteile, und diese sind erst in letzter Zeit sichtbar geworden. Manche von uns sind einfach nicht in der Lage, einige der chemischen Stoffe, die als Konservierungsstoffe oder als Geschmacksverstärker zugesetzt werden, zu verdauen. Für diejenigen, die sehr schlecht auf diese Komponenten reagieren, kann der Konsum dieser Fertiggerichte zu einer regelrechten Höllenfahrt werden. Das Gesetz der Chemie besagt, dass eine bestimmte Mixtur an Chemikalien an einem gewissen Punkt eine Reaktion auslösen wird. Das geschieht auch in unseren Körpern, besonders dann, wenn unsere Ernährung sehr einfach gestrickt ist und wir die gleichen Lebensmittel regelmäßig zu uns nehmen. Das könnte eine Erklärung dafür sein, warum wir so oft plötzlich am schlechtesten genau auf jene Nahrungsmittel und Produkte reagieren, die wir persönlich so lieben. Das Blatt wendet sich, und die Verbraucherfreundlichkeit landet im Teufelskreis.

Fertigprodukte sind in Zusammenhang mit HIT auch wegen ihrer extrem hohen Histamingehalte als einer der höchstrangigen Täter für die Auslösung von Symptomen identifiziert worden. Gründe dafür werde ich später erklären. Der einzig positive Weg für uns alle, aus diesem Dilemma herauszukommen, ist, wenn die Lebensmittelindustrie das wirtschaftliche Potential der Nahrungsmittelunverträglichkeiten erkennt und sich bereiterklärt, mit uns, dem Konsumenten, zu kooperieren. Wir, das HIT-Völkchen, sind immerhin ein ziemlich großes und wachsendes Marktsegment. Nur zusammen können wir für alle involvierten Bereiche bessere Lösungen finden! Wie bereits eine gute Freundin und Unterstützerin von mir sehr richtig gesagt hat: „Unsere Körper sollten nicht auf die Lebensmittelindustrie ausgerichtet sein, sondern die Lebensmittelindustrie auf unsere Körper!"

Wein und HIT

Ein weiteres Beispiel für eine "Histaminüberdosierung" ist Rotwein. Im Rotwein steckt grundsätzlich ein hoher Gehalt an Histamin, weshalb manche nach bereits nur einem Glas von dem guten Saft Symptome verspüren. Zusätzlich besteht noch das Problem, dass gerade in einigen Weinen auch das biogene Amin Putrescin verstärkt vorhanden ist, und dieses von der DAO noch vor dem Histamin abgebaut wird. Ein sehr bekanntes und sichtbares Symptom ist hier das spontane Auftauchen von roten Flecken meistens im Gesicht oder in der Gegend des Brustkorbes. Es ist aber wichtig, hier die HIT nicht mit einer Weinallergie zu verwechseln. Bei einer Weinallergie tauchen die Symptome sehr rasch auf und werden von einer oder mehreren Komponenten im Wein ausgelöst. Auch das traditionell zugesetzte Sulfit kann bei manchen Leuten unangenehme Nebenwirkungen auslösen. Grundsätzlich muss eine schlechte Reaktion auf Wein, wie man hier sieht, nicht unbedingt bedeuten, dass die betroffene Person automatisch eine Histaminintoleranz hat. Es kann auch möglich sein, dass entweder eine andere Nahrungsmittelunverträglichkeit oder eine Allergie auf eine andere Komponente im Wein dahinter steckt. Das bedeutet, dass Rotwein als Hinweis auf eine mögliche HIT dienen kann, jedoch mit Sicherheit kein brauchbares Mittel als Beweis oder zur Selbstdiagnose ist.

Warum bekommen manche von uns HIT?

Histaminintoleranz ist im Normalfall eine erworbene Krankheit. Manche Experten gehen aber auch der Frage nach, ob eine Untergruppe von HIT-Patienten bereits genetisch vorbelastet ist. Die Wissenschaftler wollen herausfinden, ob es in dieser besagten Untergruppe von Patienten einen gemeinsamen Nenner gibt, welche auch von anderen Nahrungsmittelunverträglichkeiten wie zum Beispiel Zöliakie, oder Krankheiten wie Morbus Crohn oder anderen ähnlichen Verdauungsstörungen betroffen sind. Es wird an den Wissenschaftlern liegen, ob wir je eine Antwort darauf bekommen, was die zugrundliegenden Ursachen dafür sind, warum die HIT bei manchen Personen ausbricht und bei anderen nicht. Eine verbreitet akzeptierte Hypothese jedoch ist, dass dies das Ergebnis unseres modernen Lebensstils ist. Im Grunde bekommen unsere Körper nicht genug Zeit, um sich einer Welt anzupassen die sich sehr schnell und ständig ändert. Hinsichtlich der Tatsache, dass sich unser Verdauungssystem seit der Steinzeit nur wenig verändert hat, ist es bemerkenswert, wie belastbar dieses doch eigentlich ist, wenn man bedenkt, was wir ihm alles entgegen werfen.

HIT ahmt Allergien nach und umgekehrt

Die Hauptproblematik der Diagnose ist in erster Linie, die HIT als Ursache von Symptomen festzustellen, die solche einer Allergie nachahmen. Sie macht das sogar so gut, dass die meisten Ärzte zuerst an eine Allergie als Auslöser denken. Das Symptom einer Allergie kann zum Beispiel Asthma sein; raten Sie einmal, was das Hauptsymptom einer Histaminintoleranz sein kann ... erraten: Asthma. Kein Wunder also, dass HIT sehr oft mit Allergien verwechselt wird. Eine mögliche Antwort des behandelnden Mediziners nach einigen Allergietests kann sein, dass Sie keine Allergien haben, was vorerst eine sehr wichtige Information ist. Die Unverträglichkeit wird aber auch sehr oft falsch als Reizdarmsyndrom „diagnostiziert", was anders gesagt auch folgendes heißen kann: „Ich weiß, Sie haben irgendetwas, aber ich weiß nicht, was es ist, also leben Sie damit." Eine solche Antwort ist nicht verwunderlich, wenn der verantwortliche Arzt keine Ahnung von dieser Unverträglichkeit hat, gerade weil Histamin eine so große Rolle in Verbindung mit Allergien spielt. Wenn Sie zum Beispiel eine Allergie auf Gräserpollen haben, dann nehmen Sie Antihistamine, oder nicht? Die Worte „Allergie" und „Histamin" sind in unseren Köpfen eng miteinander verbunden, und das auch aus gutem Grund.

Das bringt uns zum Thema der Bedeutung der Rolle der Allergologen, deren Wissen es leichter ermöglicht, den Unterschied zwischen „Allergie" und HIT zu erkennen. Moderne Allergologen (welche diese medizinische Fachrichtung studiert haben) identifizieren die Ursachen von histaminbedingten Reaktionen viel schneller. Eine Integration von HIT in ihr Fachgebiet wird ihnen jedenfalls eine Verbesserung ihres Ansehens beim Patienten bringen. Einige Allergologen haben dies erkannt und sich im Vorfeld der neuesten medizinischen Entwicklung positioniert.

Der Unterschied zwischen HIT und Allergien

Allergien und HIT sind sehr unterschiedlich, sie können beide auch in einer Vielzahl von Arten und Weisen auftauchen. Im Falle einer Allergie wird Histamin durch eine übermäßige Abwehrreaktion des Immunsystems auf normalerweise harmlose Substanzen in unserer Umwelt wie zum Beispiel bestimmte Pollen oder Erdnüsse ausgelöst. Kreuzallergien bei Allergikern zu Pollen oder anderen Substanzen spielen hier auch eine Rolle. Demgegenüber steht die Histaminintoleranz, in die das Immunsystem nicht direkt involviert ist. Hier ist der Defekt bei unserer „guten alten Freundin" DAO - und/oder der HNMT - zu suchen, die ihre Aufgabe nicht richtig macht oder machen kann, was immer die Ursache dafür sein mag. Ein weiterer großer Unterschied zwischen den beiden Erkrankungen ist, dass die Symptome bei der klassischen Allergie innerhalb von wenigen Minuten oder auch Sekunden nach dem Kontakt (manchmal auch nur mit einer Spur des Allergens) auftreten und in sehr schweren Fällen in einem anaphylaktischen Schock enden kann. Erinnern wir uns nur an die Medienberichte rund um Erdnüsse, wo bei manchen betroffenen Allergikern sogar nur eine Spur einer Erdnuss eine lebensbedrohliche, wenn nicht sogar einer tödliche Reaktion auslösen kann. Aus diesem Grund müssen Hersteller in der EU seit November 2005 im Zutatenverzeichnis auf verpackter Ware den Warnhinweis „Kann Spuren von Erdnüssen enthalten" auf ihre Verpackungen drucken.... Die EU-Verordnung vom 25. Oktober 2011 zur Information der Verbraucher über Lebensmittel verpflichtet die Hersteller, insgesamt 14 der häufigsten Allergieauslöser anzugeben. Ab 13. Dezember 2014 verpflichtet die EU-Verordnung auch dazu, unverpackte Ware, z. B. in Restaurants, Kantinen oder an der Fleischtheke, hinsichtlich der Zutaten mit allergener oder Unverträglichkeiten auslösender Wirkung zu kennzeichnen.

Auch eine HIT kann mit einem anaphylaktischen Schock enden, es dauert aber um einiges länger, bis man dieses Stadium erreicht. Die Symptome einer HIT tauchen viel langsamer und verzögerter auf. Manchmal kann dies sogar an die 24 Stunden dauern. Es kommt

darauf an, wie langsam sich die Mahlzeit durch den Körper
schleust. Das wiederum hängt unter anderem von der Art des Lebensmittels ab (flüssig oder fest), wie viel Histamin drinnen ist,
welche Menge an DAO zur Verfügung steht, wie aktiv es gerade ist,
oder inwieweit die DAO durch andere Faktoren wie zum Beispiel
Medikamenten unterdrückt worden ist. Das macht es umso schwieriger den Übeltäter zu identifizieren.

Symptome der HIT

Die Symptome einer HIT können eine oder eine Mehrzahl der folgenden sein:

Verdauungsstörungen:

- Durchfall, Magenbeschwerden, Bauchkrämpfe, Übelkeitsgefühl, Völlegefühl
- Durchfall mit abwechselnder Verstopfung (oft als Reizdarmsyndrom (RDS) diagnostiziert)
- Zusätzliche HIT als Folgeerkrankung einer Darminfektion oder einer chronisch entzündlichen Darmerkrankung wie Morbus Crohn oder Colitis Ulcerosa
- Chronische Verstopfung
- Blähungen und Völlegefühl, oft sehr extrem und unabhängig vom Essen, manchmal auch in der Früh

Symptome in der Kopf- und Gesichtsregion:

- Kopfschmerzen, oft migräneartig, Medikamente zeigen wenig Wirkung
- Hautrötungen mit Hitzegefühl im Gesicht und um den Hals
- Verlegte oder rinnende Nase, tränende oder gerötete Augen, oft während oder nach dem Essen, obwohl eine Allergie nicht festgestellt werden konnte.
- Plötzliche Schwindelanfälle, das Gefühl als hätte man Watte im Kopf

- Schlafstörungen, extreme Müdigkeitsanfälle, oft während oder nach dem Essen, welche zu einem Schlafzwang führen können, oft mehrere Stunden lange Schlafphasen erfordern, und ein Erhohlungsgefühl oft trotzdem nicht eintritt
- Schlagartig einsetzende psychische Veränderungen wie Aggressivität, Unaufmerksamkeit, Konzentrationsstörungen, meist bei oder nach einer Mahlzeit
- Panikattacken

Hautirritationen:

- Hautausschläge, Ekzeme (Neurodermitis), Urtikaria, teils bereits lange bestehend, abwechselnd kommend und gehend ohne eine scheinbar erkennbare Ursache
- Akne Rosacea (chronische Gesichtsrötung, teils schuppend und mit entzündlichen Pusteln)
- Quaddelbildung
- Juckreiz

Brustkorbbereich:

- Asthma
- Herzrhythmusstörungen, wie z.B. Herzrasen oder unregelmäßiger Herzschlag

Frauen:

- Dysmenorrhöe (schwere Regelbeschwerden)
- HIT Symptome verschwinden während der Schwangerschaft, und tauchen nach der Geburt des Kindes wieder auf

Andere Symptome:

- Frösteln, Zittern, Unwohlsein
- Niederer Blutdruck (nur selten hoher Blutdruck)
- Schweißausbrüche

In einer Umfrage des Portals für Nahrungsmittel-Intoleranz mit 141 Betroffenen, wurde folgende Verteilung von Symptomen gefunden: Kopfschmerzen (38%), Flush -Hautrötungen im Gesichts- und Halsbereich (36%), Bauchschmerzen (31%), Durchfall (26%), Nasenrinnen bzw. Nasenschleimhautschwellung (19%), Blähungen und Übelkeit (17%) und Herzrasen (12%). Weniger oft, aber immer noch in mehr als 5% der Fälle, kamen Ausschlag, juckende Haut, Müdigkeit, Schwindel und Kreislaufprobleme vor.

Im schlimmsten Fall kann der Patient einem anaphylaktischen Schock unterliegen. Einige Patienten mit HIT haben nicht nur ein Symptom sondern gleich mehrere, von denen sie regelmäßig gequält werden.

Medizinische Fachkräfte werden in Zukunft der Herausforderung gegenüberstehen, die Indikationen einer HIT zu erkennen, und das ist besonders wichtig für diejenigen Experten der Bereiche Gastroenterologie, Allergie, Dermatologie, aber auch aller anderen Fachbereiche.

HIT und andere Gesundheitsstörungen

Ein weiteres Problem besteht darin, dass HIT in Kombination mit anderen Erkrankungen, die den Patienten plagen, einhergehen kann. Zum Beispiel gibt es da die Möglichkeit von anderen Nahrungsmittelunverträglichkeiten, Allergien oder Chemikalienunverträglichkeiten. Gerade deshalb ist es äußerst wichtig, mit professionellen Fachkräften zusammenzuarbeiten, um ein Gesamtbild aller Faktoren zu erstellen. HIT kommt sehr oft, aber nicht ausschließlich, zusammen mit einzelnen oder mehreren der folgenden Nahrungsmittelunverträglichkeiten vor:

- Nahrungsmittelallergie
- Zöliakie oder Glutenunverträglichkeit
- Laktoseintoleranz
- Fruktose- Malabsorption oder Intoleranz
- Sorbitintoleranz

- Glutamatunverträglichkeit
- Kaseinunverträglichkeit

Die HIT ist auch bereits recht oft als sekundäre Erkrankung, also als Folgeerkrankung, die durch eine andere Erkrankung ausgelöst wurde, identifiziert worden (siehe „Symptome der HIT").

HIT kann auch mit anderen Erkrankungen verwechselt werden – Beispiele Mastozytose und Reizdarmsyndrom

Mastozytose, oder was passiert, wenn der Körper zu viel vom Guten produziert

Die Mastozytose gilt als seltene Erkrankung, die sehr leicht Aufgrund ihrer Ähnlichkeit mit anderen Erkrankungen übersehen werden kann. Auch mit einer HIT kann sie wegen der ähnlichen Symptome durch zu hohe Histaminwerte im Körper leicht verwechselt werden. Sehr allgemein erklärt geht es bei dieser Erkrankung um eine Mastzellenvermehrung. Das heißt vereinfacht ausgedrückt: Menschen mit Mastozytose leiden unter leichten, mittleren oder schweren Symptomen, weil ihr Körper mehr Mastzellen - salopp gesagt Lagerstätten für Stoffe, die am Immunsystem beteiligt sind - produziert als für sie gut ist. Mastzellen setzen im Rahmen der Abwehrfunktion des Immunsystems bis zu 60 Stoffe frei. Unter den vielen Stoffen befindet sich auch unser sonst so nützliches Histamin und deshalb müssen Mastozytose-Patienten eine so weit wie möglich histaminarme Diät einhalten.

Der Nachweis einer Mastozytose kann nur durch eine Biopsie und nicht durch eine Blutentnahme erfolgen. Die Diagnose muss unbedingt den WHO-Richtlinien entsprechen und histologische, immunhisto-chemische und molekulare Untersuchungen beinhalten. Eine einfache Befragung zur Krankengeschichte ist hier nicht ausreichend.

Die Mastozytose wird in zwei vollkommen unterschiedliche Erkrankungen eingeteilt – wobei auch diese beiden Formen in Subkategorien unterteilt werden:

- Hautmastozytose (kutane Mastozytose): ist eine ausschließlich dermatologische Erkrankung. Die Urtikaria pigmentosa ist im Übrigen die häufigste Form der Hautmastozytose. Kutan bedeutet „zur Haut gehörend".

ODER:

- Systemische Mastozytose: ist eine hämatologische Erkrankung. Hämatologisch bedeutet „die Physiologie des Blutes betreffend".

Der Ausschluss einer möglichen Mastozytose sollte bei Verdacht auf Histaminintoleranz auf jeden Fall nicht versäumt werden, wenn Anzeichen dafür bestehen! Das muss der Spezialist für Mastozytose mit dem Patienten entscheiden.

Weitere sehr wertvolle Informationen zu Definition, Diagnose, Symptomen, Therapie und vieles mehr gibt es auf der Webseite der Mastozytose Initiative - Selbsthilfenetzwerk e.V.. Im gleichen Atemzug möchte ich mich auch gleich bei der Autorin dieser Webseite, Andrea König, bedanken, dass ich einen kleinen Teil, der sehr detaillierten Information auf ihrer Webseite in dieses Buch übernehmen durfte.

Reizdarmsyndrom (RDS) oder Nahrungsmittelunverträglichkeit (NMU)?

Die Diagnose RDS wird oft gestellt, wenn alle durchgeführten Untersuchungen zu keinem anderen diagnostischen Ergebnis führen. Unter Umständen wird nicht eingehend untersucht und dem Patienten unterbreitet, dass der Grund für den Reizdarm psychisch ist, und auch eine psychische Behandlung mit Antidepressiva vorgeschlagen. Da einige Fälle bekannt sind, wo Patienten jahrelang mit

der Diagnose des Reizdarmsyndroms behaftet waren und erst viel
später, und nach langen Leidensweg, zu einer konkreten, erfolgreichen Behandlung nach einer Diagnose mit einer Nahrungsmittelunverträglichkeit (NMU) kamen, sollen auch diesem Thema ein
paar Absätze gewidmet werden.

Das Reizdarmsyndrom wird als weit verbreitete gastrointestinale
Erkrankung gesehen, wobei bei den klinischen Symptomen, sehr
ähnlich zu vielen Nahrungsmittelunverträglichkeiten, folgende
Symptome die Hauptrolle einnehmen:

- Stuhlunregelmäßigkeiten
- Durchfall
- Verstopfung, oder eine Kombination davon
- Bauchschmerzen
- Blähungen

Bei Verdacht auf Reizdarmsyndrom ist eine Differentialdiagnose
äußerst wichtig. Entscheidend ist eine Anamnese (im Volksmund
auch Krankengeschichte genannt), ob Muster und Ausmaß der
Beschwerden überhaupt mit RDS vereinbar sind. Dafür muss sich
der Arzt Zeit nehmen, da dies nicht zwischen zwei Telefonaten
geklärt werden kann. Diese Differenzialdiagnose beinhaltet unter
anderem auch eine Abklärung, ob der Patient eine NMU hat. Die
Liste der abzuklärenden Erkrankungen, die ähnliche Krankheits-
zeichen wie RDS haben, beinhaltet folgende:

- Infektiöse Darmerkrankung
- Zöliakie
- Darmkrebs
- Inkontinenz
- Chronisch entzündliche Darmerkrankung
- Nahrungsmittelunverträglichkeit
- Schilddrüsenüberfunktion
- Bakterielle Fehlbesiedelung DD
- Mikroskopische Colitis

- Medikamente
- Neuroendokriner Tumor

Organische Krankheiten müssen auf jeden Fall vorher ausgeschlossen werden.

Es hat sich in den letzten Jahren gezeigt, dass bei vielen RDS-Patienten der Auslöser eine schwere Entzündung ist. Das nennt man ein postinfektionales RDS. Herr Prof. Konturek erwähnte hierzu in seinem Vortrag, bei einem Patienten-Ärzte Seminar in Erlangen im Jahr 2012, auch die Geschichte einer 4000 Einwohner zählenden Gemeinde in Kanada namens Walkerton. In dem ruhigen Städtchen kam es im Mai 2000 durch eine Überschwemmung zu einer Trinkwasserverseuchung mit Escheria Coli und Campylobacter. Über 2000 Menschen in dem Ort erlitten eine schwere Darmentzündung. 2 Jahre danach konnte man beobachten, dass etwa 35% der Betroffenen einen Reizdarm entwickelten. Mehr zu der Studie findet man in einem Dokument mit dem Titel: The Walkerton Health Study.

Man glaubt, dass es in Deutschland etwa 15% Patienten mit RDS gibt, wobei die meisten davon in der Altersgruppe zwischen 45-65 Jahren alt sein sollen. Dabei gibt es hier wiederum eine Unterscheidung zwischen denjenigen Patienten, die eine leichte, mittlere oder schwere Form der RDS haben, und von all diesen gehen nur 1% zu einem Spezialisten, der von diesem Thema auch etwas versteht, und bis zu sagenhafte 80% von ihnen werden nicht therapiert.

Es gibt für RDS – wie übrigens auch für Nahrungsmittelunverträglichkeiten – keine einheitliche Ernährungsempfehlung. Jeder von uns hat eine andere Kombination von Problemen. Ein Patient mit der Diagnose RDS braucht, abgesehen von einer eventuellen medikamentösen und probiotischen Therapie, und möglicherweise psychotherapeutischer Unterstützung, eine individuelle auf ihn persönlich zugeschnittene Ernährungsberatung. Wie bei der NMU wird für jemanden mit RDS eine zusätzliche Anwendung von Ernährungsprotokollen unumgänglich sein, um zu einem erfolgreichen

Resultat zu kommen. Hier müssen der Arzt, der Diätassistent und der Patient zusammenarbeiten.

Sollten Sie die Diagnose RDS haben, und vermuten, dass Sie unter einer NMU leiden, ohne diese bereits abgeklärt zu haben, lassen Sie sich auch dementsprechend untersuchen.

HIT und das große Problem mit der Austestung

Obwohl sich das Recherchematerial bezüglich dieses Themas mittlerweile soweit häuft, dass es ja gar nicht mehr ignoriert werden kann, hat es sich noch nicht zu allen Ärzten durchgerungen. Eben wegen diesem, oft auch sicherlich nicht beabsichtigten, eingeschränkten Kenntnisstand und dem offensichtlichen Informationsmangel bei vielen Ärzten in verschiedenen Ländern ist es für Patienten fast unmöglich, einen Bluttest für die Messung der DAO-Aktivität zu bekommen. Dieser Test wurde in Österreich entwickelt und ist mittlerweile auch schon in einigen Europäischen Ländern verfügbar. Er ist jedoch bei Ärzten als auch Wissenschaftlern umstritten und kann nur als Momentaufnahme gesehen werden. An der Entwicklung von zuverlässigen Gentests zur Ermittlung des DAO- und HNMT-Status wird derzeit heftigst geforscht und entwickelt. Inwieweit diese Tests zu einer sicheren Diagnose verhelfen können, muss sich noch herausstellen (Stand 2012). Man kann aber erwarten, dass diese Entwicklung noch zu einigen Diskussionen führen wird.

Somit bleibt den meisten nur eine realistische Wahl: Man beginnt mit Hilfe des Arztes eine Karenzphase, wenn er dem Thema der Nahrungsmittelunverträglichkeiten offen genug gegenübersteht. Ein kompetenter Diätassistent, momentan leider auch ein wenig Mangelware im Zusammenhang mit HIT, sollte einen ausgeglichenen individuellen Ernährungsplan erstellen, um herauszufinden, welche Nahrungsmittel die Beschwerden hervorrufen. Die Fachkräfte müssen hier mit dem Patienten zusammenarbeiten, um auch zu ermitteln, wie lange diese vorübergehende Karenzphase eingehalten werden soll. Das hängt sehr vom Schweregrad der Krankheit ab und auch von der Anzahl der anderen Krankheiten oder Unverträglichkeiten. Normalerweise dauert eine Karenzphase nicht länger als 3-4 Wochen.

Die Spekulationen mit den Zahlen

Hinsichtlich der oben beschriebenen Situation ist es schwierig - wenn nicht sogar unmöglich - zu sagen, wie viel Prozent der Bevölkerung unter HIT leiden. Der niedrigste Prozentsatz wurde mit 1%, der höchste mit 5% angegeben – obwohl manche diese Zahlen spekulativ sogar noch höher ansetzen. Zu diesem Zeitpunkt kann man auch schwer ermitteln, wie viele Menschen zu welchem Grad von der HIT betroffen sind. Wenn wir uns nun die niedrigste Schätzung (auf Basis einer französischen Studie) von 1% hernehmen, angegeben von Prof Reinhart Jarisch, einem Experten in einem österreichischen Allergiezentrum, der sich mit diesem Thema schon sehr lange und intensiv beschäftigt, dann würde das bedeuten, dass in Deutschland in etwa 800.000 Menschen, in Österreich und der Schweiz je 80.000 Menschen an HIT in einem kleineren oder größeren Ausmaß, abhängig von ihrer individuellen Toleranzgrenze, leiden. Das ist eine ziemlich große Anzahl in Anbetracht dessen, dass nur wenige davon wissen. Schätzungsweise 75-80% der Betroffenen sollen Frauen sein, und die meisten von ihnen wären im Alter rund um die 40.

Diskussionsthemen

Das führt uns nun zu einigen offenen Fragen: Warum wissen so viele Mediziner nichts darüber? Ist der Grund dafür, dass es zu wenig Finanzierung für mehr wissenschaftliche Untersuchungen gibt? Oder weil es keine Unterstützung von einer großen mächtigen Firma gibt, die vielleicht einen potentiellen finanziellen Profit (mit natürlich entsprechender Öffentlichkeitsarbeit für das Thema) darin sehen könnte – weil es kein „Wundermittel", das man gut verkaufen kann, gibt? Sind da vielleicht ein paar Mediziner im letzten Jahrhundert stecken geblieben und in einer Spur festgefahren, wo die Skepsis gegenüber Nahrungsmittelunverträglichkeiten noch vorherrschend war? Sind sie nicht mit der Zeit mitgegangen und

haben sich die neuesten Forschungsergebnisse nicht angeschaut,
um sich der Validität von Nahrungsmittelunverträglichkeiten bewusst zu werden? Haben diese Ärzte die wissenschaftlichen Ergebnisse, die seither produziert worden sind, einfach ignoriert?

Wie viel Geld geht in jedem Land bei den Krankenkassen – die ja
von uns, ihren Konsumenten, den Patienten für ihr Service bezahlt
werden - den Bach runter, weil zwar die Symptome, jedoch nicht
die Ursachen behandelt werden? Die meisten Patienten die gesund
sind werden sich sicherlich nicht ohne guten Grund zum Arzt bemühen. Wie vielen Qualen werden Patienten durch dieses man-
gelnde Wissen oder durch Ignoranz ausgesetzt? Und wie viele Patienten werden mit den falschen Medikamenten behandelt, welche,
in vielen Fällen, die Unverträglichkeit zusätzlich verschlimmern
und nicht verbessern? Wie kann es sein, dass ein Leiden, das durch
eine Veränderung der Essgewohnheiten kontrolliert werden kann
und im Normalfall dafür keine weiteren Medikamente benötigt, so
oft nicht diagnostiziert und einfach schlichtweg übersehen wird?
Diese Diagnose ist immerhin von wissenschaftlicher Seite her möglich, entweder mit Hilfe einiger Tests oder einer Karenzphase. Warum ist diese Diagnosemöglichkeit nicht allgemein verfügbar?

Die Zeit ist reif für einen großen Umdenkprozess im Sinne der Patienten und nichts anderem, sofern einige Mediziner, die heutzutage
allgemein als Rückständig gelten und von Geld und kommerziellen
„Unterstützern" verblendet sind, noch Interesse daran haben, ihre
Integrität nicht komplett zu verlieren. Wir Patienten sind ja nicht
dumm. Wir brauchen Menschen, die uns zuhören, nicht solche, die
einfach Kästchen abhaken, damit sie eine Zielvorgabe erfüllen. Wir
brauchen Ärzte, die mit uns zusammenarbeiten und uns nicht her-
ablassend behandeln. Einige Götter in Weiß haben leider einen
schwarzen Fleck auf den Mantel bekommen, schauen nicht mehr
sehr göttlich aus, und schaden damit auch noch ihren eigenen Kollegen, die versuchen, eine gute korrekte Arbeit zu leisten. Unheimlich viele Patienten flüchten sich in ihrer Verzweiflung in die alternative Medizin, wo es vielleicht ein paar gute Teillösungen geben
mag, wo man aber auch Ratschläge bekommen kann, die mögli-

cherweise die Gesundheit gefährden oder im Extremfall sogar tödlich ausgehen.

3. Wie komme ich der HIT auf die Schliche?

Fragen zur Ermittlung von Indikationen einer HIT

Sollten Sie zwei oder mehrere der folgenden acht Fragen mit Ja beantworten können, dann ist dies eine Indikation dafür, dass Sie vielleicht Histaminintoleranz haben. Es wäre sehr ratsam, einen erfahrenen Mediziner in Ihrer Nähe zu kontaktieren, um einer weiteren Diagnose nachzugehen.

1. Leiden Sie öfters an Kopfschmerzen?

2. Haben Sie eine Unverträglichkeit von Rotwein oder andere Unverträglichkeiten?

3. Haben Sie eine Unverträglichkeit von Hartkäse, haltbar gemachten Würsten, Tomaten, bzw. Ketchup oder Schokolade?

4. Kommen bei Ihnen öfter Magen- und Darmstörungen, insbesondere mit weichem Stuhl und Durchfällen, über längere Zeit vor?

5. Leiden Sie öfter an niedrigem Blutdruck? (Hypotonie?)

6. Haben Sie Herzprobleme wie z.b. erhöhten Pulsschlag (Tachycardie) oder Herzrhythmusstörungen (unregelmäßiger Pulsschlag)?

7. Bei Frauen: Haben Sie starke Schmerzen am ersten Tag Ihrer Regel (Dysmenorrhöe)?

8. Werden Sie leicht seekrank oder reisekrank?

Wie finde ich einen Experten – oder wie man sich im Labyrinth zurechtfindet

Leider stellt das noch immer eine ziemliche Herausforderung dar. Vielerorts sind klinische Institutionen über HIT noch schlecht oder manchmal auch gar nicht informiert. Somit bleiben diejenigen, die von HIT betroffen sind, immer wieder auf sich allein gestellt und sind auf unbestimmte Zeit weiterhin ihren Symptomen wehrlos ausgesetzt. Besonders in der Schweiz werden Patienten frequentiert mit dieser Tatsache konfrontiert, und wenden sich in ihrer Verzweiflung an Ärzte in Österreich.

Auf der ganzen Welt sind Labors verstreut, die über das Internet Tests anbieten. Manche bieten beispielsweise dem Kunden an, einen Test-Kit nach Hause zu schicken, den man zum Arzt mitnehmen soll, um dann eine Probe in ein Labor in der Umgebung zu senden. Auf manchen dieser Seiten wird das Wort Anamnese nicht einmal im Entferntesten angesprochen. Auch die Kosten sind manchmal ziemlich übertrieben, abgesehen davon, dass man miteinrechnen muss, wie die Probe transportiert werden soll und ob sie dann überhaupt zum Zeitpunkt der Ankunft im Labor noch zuverlässige Resultate bringt. Das hängt von der Verpackungsart, der Transportzeit und auch den Temperaturschwankungen während derselben ab, und weiters auch noch, ob das Labor den Test kennt und ihn sachgemäß ausführen kann. Manche dieser Unternehmen mögen sehr wohl fachlich kompetent sein, jedoch macht es wenig Sinn, einfach im Internet herumzuschnuppern und sich nach dem Zufallsprinzip irgendjemanden auszusuchen. Das wäre mit einem Kasino vergleichbar, wo jemand sein Geld in einem Spielautomaten versenkt. Es könnte sein, dass man vielleicht Glück hat, aber das Risiko ist hoch.

Wenn man die private Variante wählt, wird die Austestung natürlich mehr kosten als nur der Test. Hier müssen dann noch die Fixkosten sowie die Sprechstunde einkalkuliert werden. Das Argument, welches hier jedoch gebracht werden sollte, ist, dass dieser Test zwar Geld kostet, aber auch kein Vermögen ausmachen sollte.

Es wurde darauf hingewiesen, dass es in Österreich und Deutschland im neuen Bereich der Diagnostik für Nahrungsmittelunverträglichkeiten oft noch recht schwierig ist, die Kosten rückerstattet zu bekommen. Manche Privatversicherungen haben jedoch damit begonnen, diese Kosten zu übernehmen. Dieses Beispiel zeigt uns, was für einen weiten Weg der Rest von uns noch zu gehen hat, wenn sogar die Österreicher und Deutschen, die um einiges weiter in diesem Gebiet sind, solche Schwierigkeiten haben, den Test über den Versicherungsträger durchführen zu lassen. Es macht aber Sinn. Private Versicherungsträger haben ein großes Interesse daran, eine schnelle und korrekte Diagnose zu erzielen, da sie dann potentiell langfristig für den Patienten weniger auszahlen müssen. Das Konzept scheint sich bei ihnen langsam durchzusetzen.

Sehr positiv ist eine der neuesten Entwicklungen in Österreich. Hier wurden in Wien am 1. September 2009 der Öffentlichkeit die Türen zur „Ersten Österreichischen Ambulanz für Laktose-, Fruktose-, Histaminintoleranz und Nahrungsmittelunverträglichkeiten" im Krankenhaus Hietzing geöffnet. Das Service und die Tests werden von der Österreichischen Krankenkasse unterstützt, und es besteht eine enge Zusammenarbeit mit dem Österreichischen Gesundheitsministerium, um die Öffentlichkeit über Nahrungsmittelunverträglichkeiten mit Hilfe von Informationsbroschüren zu informieren.

Wie kann eine korrekte Diagnose erstellt werden?

Eine sachgemäße Diagnose kann mit Hilfe einer Krankengeschichte (Anamnese) in Kombination mit einer Differentialdiagnose und einer Austestung der DAO- und Histaminwerte - eventuell vor und nach der Karenzphase - gestellt werden. Als Differentialdiagnose bezeichnet man die Abklärung von Erkrankungen mit ähnlichen oder fast identischen Symptomen, die vom Arzt zusätzlich als mögliche Ursachen der Beschwerden in Betracht gezogen werden müssen. DAO-Tests werden auf jeden Fall in einem viel größeren Ausmaß von Ärzten in Deutschland, Österreich und auch anderen Europäischen Ländern angeboten. Danach wird eine histaminarme Diät, mit einer Testphase und im Normalfall spätestens nach 6 Wochen, ein individueller Dauerernährungsplan mit dem Diätassistenten ausgearbeitet. Führt diese Strategie zum Erfolg, dann kann mit ziemlicher Sicherheit von einer Histaminintoleranz ausgegangen werden. Dieser Bewusstseinsgrad macht sich zurzeit im englischen

Sprachraum nur sehr langsam breit, aber hoffentlich ist das nur eine Frage der Zeit.

Klinische Testmöglichkeiten für Histaminintoleranz

Es gibt derzeit keinen klinischen Test, der alleinstehend in Zusammenhang mit der Diagnose für Histaminintoleranz unumstritten ist. Hier ein paar Beispiele:

- Verminderung der Diaminoxidaseaktivität im Blut. Auch hier gibt es Diskussionen. Diese Testungsart wird von manchen Instanzen als unzuverlässig kritisiert. Es wird beispielsweise unterstellt, dass der Test alleinstehend keine Aussagekraft hat. Ungenauigkeiten könnten durch Ernährungsweise, Medikamenteneinnahme, und Alkoholeinnahme des untersuchten Patienten entstehen. Da angenommen wird, dass das Hauptproblem im Darm stattfindet, wird hinterfragt, inwieweit die Diaminoxidaseaktivität im Blut tatsächlich mit einer Diaminoxidaseaktivität im Darm in Beziehung zueinander stehen. Somit wurde auch in den Raum gestellt, dass eine endgültige Diagnose nur mit Hilfe einer Gewebebiopsie möglich wäre.
- Niedriger Diaminoxidasewert (DAO-Spiegel) im Blut. Testresultate können abhängig von der individuellen Toleranzgrenze und von der Menge an Histamin und anderen biogene Aminen, die der Patient vorher zu sich genommen hat, und bei Schwangerschaft schwanken. Patienten sollten normale Ernährung (was sie normalerweise Essen) beibehalten, bevor die erste Blutprobe abgenommen wird. Dieser Test zeigt nur die Konzentration im Blut an, sagt aber nichts über die Aktivität des Enzyms aus.
- Hoher Histaminwert (Histamin-Spiegel) im Blut. Labortests für Histamin sollten im Idealfall vor Ort durchgeführt werden, da der Histaminwert sich durch den Prozess der Decarboxylierung auch nach der Abnahme leicht verändern kann. Gleiches Prinzip wie beim Lebensmittelverderb. Diese Tests werden des Öfteren zur gleichen Zeit mit einem DAO-Test durchgeführt.
- Weiters werden von verschiedenen Instanzen einer oder mehrere dieser Tests zur Erfassung von Daten zusätzlich durchge-

führt: Histamin und Methylhistamin im 12h-Urin; Endoskopie mit Biopsieentnhame unter anderem in Zusammenhang mit Histamin, DAO und HNMT; ein DAO- oder HNMT-Gentest, wobei Gentests nur in bestimmten Fällen von Nutzen sein sollen, da es sich in den meisten Fällen - zumindest bei einer gestörten DAO - um eine erworbene Histaminintoleranz handeln sollte.

- Beim Prick-Test für Allergien kann eine auffällige, zeitlich lang hinausgezogene Reaktion bei der Positiv-Kontrolle eine Indikation für Histaminintoleranz sein, ist aber noch lange kein Beweis dafür. Um eine Fehldiagnose einer Histaminintoleranz zu verhindern, muss unbedingt auch eine komplette allergologische Abklärung durchgeführt werden.
- Die Möglichkeit einer Mastozytose sollte ausgeschlossen werden. Mastozytose ist eine Krankheit, bei der Mastzellen im Körper vermehrt sind. Bluttests für Tryptasewerte können aufzeigen, ob die Mastzellen sehr aktiv sind. Wenn sie andauernd aktiv sind, ist dies eine Indikation für Mastozytose. Die Symptome dieser Krankheit sind denen der Allergie und der Histaminintoleranz zum Verwechseln ähnlich. Patienten mit diesem Krankheitsbild müssen für den Rest ihres Lebens eine histaminarme Diät einhalten.

Die unterschiedlichen Ansichten zum Thema Diagnose für Histaminintoleranz

Bezüglich einer Diagnose für Histaminintoleranz gibt es verschiedene Herangehensweisen, die vorgeschlagen werden. Hier die Gegenüberstellung, die nur eine Übersicht über die Informationen in den sehr detaillierten Artikeln ist. Eine detaillierte Beschreibung zur Verfahrensweise für diese Arten der Diagnosestellung ist im jeweiligen Originaldokument zu finden.

Beispiel 1

Die Autoren des Artikels „Die verschiedenen Gesichter der Histaminintoleranz" im Deutschen Ärzteblatt aus dem Jahr 2006 stehen für

- Eine detaillierte Anamnese (Krankengeschichte) der Symptome und ihrer Auslösung durch histaminreiche Nahrung oder Medikamente, die den Histaminstoffwechsel beeinflussen.
- Feststellung von anderen begleitenden gastrointestinalen Erkrankungen und Allergien
- Ausschluss einer Nahrungsmittelallergie durch einen Hautpricktest
- Ausschluss einer okkulten Mastozytose mittels einer Serumtryptase-Bestimmung

Die Diagnose wird gestellt, wenn folgende Punkte erfüllt sind:

- Es müssen mindestens zwei typische Symptome vorliegen
- Eine Besserung findet durch eine histaminfreie (sic) Diät und Antihistaminika statt & die DAO-Aktivität ist erniedrigt und/oder der Histaminspiegel ist erhöht
- Zusätzlich sollte die klinische Relevanz nach Möglichkeit durch eine placebokontrollierte Histaminprovokation überprüft werden
- Das zusätzliche Führen eines Symptomtagebuches soll sich in einigen Fällen als hilfreich erwiesen haben

Als Goldstandard der Diagnostik wird eine doppelblinde, placebokontrollierte Provokationstestung im Anschluss an eine histaminarme Diät angegeben.

Beispiel 2

Der Autor des Artikels „Histamin Intoleranz" in der Publikation Aktuelle Dermatologie aus dem Jahr 2012 spricht von folgender Vorgehensweise:

Die Diagnose basiert auf 3 Parametern. Der Autor erwähnt, dass auch ein GPS mindestens 3 Satelliten braucht.

- Anamnese – Verdacht auf HIT durch bekannte histaminhaltige Speisen, Rotwein, Hartkäse, Salami, Tomaten; Symptome, die mit HIT in Verbindung gebracht werden wie Kopfschmerzen, Durchfälle, Asthma bronchiale u.v.m; Hypotonie; der Patient spricht von einer Rotweinunverträglichkeit
- Bei Verdacht auf HIT wird der Histamingehalt im Plasma bestimmt
- Auch die DAO-Aktivität im Serum wird bestimmt

Von der Provokation, die in der Diagnostik als Goldstandard angeführt wird, wird in diesem Artikel Abstand genommen, mit der Begründung, dass die Provokation mit Histamin schon wiederholt versucht wurde und manchmal in Anaphylaxie endete, mit dem Ergebnis, dass sie verworfen wurde. Er berichtet, dass schon Gesunde, bei denen vielleicht die Dosis zu hoch gewählt wurde, Symptome bekommen haben.

Stattdessen führt sein Institut eine „negative Histamin-Provokation" durch, die 14 Tage lang dauert. Das bedeutet, es wird eine histaminfreie (sic) Diät verordnet. Danach wird nochmals eine DAO- und Histaminbestimmung im Blut durchgeführt und der Patient nach seinem Befinden gefragt.

Eine HIT liegt für ihn dann vor, wenn sich der Histaminspiegel (üblicherweise) halbiert hat und die DAO ansteigt. Der Artikel informiert weiters über die Methodik der Diagnose, andere biogene Amine, Nahrungsmittelunverträglichkeiten, und darüber, dass die Diagnostik dadurch erschwert wird, dass viele Patienten bereits durch einschlägige Lektüre und Informationen im Internet mit einer Therapie begonnen haben, bevor eine Diagnose erstellt werden konnte.

Beispiel 3

Die im Jahr 2012 von insgesamt drei Gesellschaften erstellte Leitlinie „Vorgehen bei Verdacht auf Unverträglichkeit gegenüber oral aufgenommenem Histamin" zum selbigen Thema sieht eine andere

Herangehensweise vor. Die Autoren der Leitlinie schlagen vor, statt der Bezeichnung Histaminintoleranz den Terminus Histaminunverträglichkeit zu bevorzugen.

- Die Krankengeschichte (Anamnese) muss erfasst werden
- Eine fachspezifische Differentialdiagnose (eine Abklärung von anderen möglichen Erkrankungen) ist durchzuführen und gegebenenfalls zu therapieren
- Die Differentialdiagnose muss u.a. Hauterkrankungen, chronisch entzündliche Darmerkrankungen, Kohlenhydratverwertungsstörungen, Zöliakie oder allergische Erkrankungen umfassen
- Ein Symptom- und Ernährungstagebuch kann helfen, verdächtige Mengen biogener Amine zu identifizieren
- Eine DAO- und Histaminbestimmung im Plasma/Serum wird nach aktueller Datenlage, laut dieser Leitlinie, nicht empfohlen
- Sollte sich der Verdacht einer Histaminunverträglichkeit erhärten, wird eine dreistufige Ernährungsumstellung (Karenz & Testphase bis zu sechs bis acht-wöchiger Dauer und darauffolgender individueller Empfehlung für die Dauerernährung) mit Rücksichtnahme auf Stress, Menstruation, Medikamenteneinnahme etc. empfohlen
- Sollte es keine Besserung geben, dann sollte je nach Leitsymptom eine weitere diagnostische Abklärung durchgeführt werden
- Kommt es zu einer Besserung, könnte unter ärztlicher Aufsicht (wegen der potentiell schweren Reaktionen, die dann umgehend beherrscht werden müssen!) eine titrierte Provokation mit Histamindihydrochlorid erfolgen. Einfach erklärt bedeutet das eine Zuführung der Substanz in aufsteigender Dosis über einen gewissen Zeitraum. Die Beschreibung dieses Vorgangs ist für Ärzte in der Leitlinie beschrieben.
- Eine fachkompetente Ernährungsberatung kann vermeiden, dass Patienten Kostformen befolgen, die eine unnötige Einschränkung der Lebensqualität zur Folge haben. Pauschale, restriktive und dauerhafte histaminarme Diätformen, die die

Lebensqualität der Patienten einschränken, sollen vermieden werden.

- Für die Autoren der Leitlinie ist es denkbar, Patienten mit vermuteter Histaminunverträglichkeit über einen definierten Zeitraum mit H1/H2 Rezeptorblockern zu behandeln um zu überprüfen ob sich die Beschwerden verändern.
- Der genaue Vorgang zu den obigen Punkten ist im Dokument näher beschrieben.

Beispiel 4

Das letzte Beispiel ist die Antwort zu einem Interview mit Herrn Prof. Dr. med Martin Raithel aus der Universität Erlangen auf die Frage „Wie verfahren Sie, um eine HIT zu diagnostizieren? Braucht man da mehrere Indizien?" Zu dieser Antwort wurde auch eine Abbildung beigefügt:

Abb. zur Diagnostik der Histaminintoleranz:

- **Anamnese, Körperliche Untersuchung**

- **Mediatordiagnostik Blut (Einmalbestimmung):**

  Plasmahistamin, ECP & Tryptase im Serum, ggf. Zytokine

- **Funktionelle Mediatordiagnostik mit mindestens 2 Tagen Vollkost & 2-14 Tagen hypoallergener, histaminarmer Kartoffel-Reisdiät:**

  Kombinationsbestimmung unter Vollkost und nach Kartoffel-Reisdiät jeweils zum Vergleich (Therapieeffekt)

  Plasmahistamin, Plasma-DAO

  ECP & Tryptase im Serum, ggf. Zytokine

  Histamin und Methylhistamin im 12h-Urin

- **Endoskopie mit Biopsieentnahme (Stickstoff):**

Histologische Beurteilung (Mastzelldichte), ggf. DAO-Immunohistochemie

Bestimmung Gewebe-Histamingehalt, ggf. weitere Mediatoren

Bestimmung der isolierten Enzymaktivitäten DAO, HNMT

Bestimmung der biologisch verfügbaren Gesamthistamin-Abbaukapazität

- **Orale Provokationstestung mit 50-150mg Histamin bzw. Placebo:**

Notfallbereitschaft (ggf. intensivmedizinische Überwachung)

Beschwerdescore, Kreislaufmonitoring, Peak-Flow Messung etc

Mediatordiagnostik Plasmahistamin, ggf. DAO, andere Parameter

Der Rest des Interviews ist in deutscher Sprache auf der Webseite www.histamineintolerance.org.uk in Genny's Blog zu finden.

Dies ist nur eine Stichprobe von mehreren Dokumenten - die in den letzten Jahren herausgegeben wurden - zur Verdeutlichung der verschiedenen Ansichten, wie eine Diagnose zu stellen sei. Hoffentlich wird es in Zukunft auf Basis von noch ausstehenden weiteren wissenschaftlichen Untersuchungen zu einer standardisierten Methode kommen. Man darf gespannt sein.

Die Karenzphase als weitere Option

Sollte es aus irgendeinem Grund nicht die Möglichkeit geben, einen Test zu erlangen, ist die einzige andere Möglichkeit, um zu einem halbwegs zuverlässigen Ergebnis zu kommen, folgende: Zuerst sollten mögliche Faktoren wie andere zugrundeliegende Krankheiten, Allergien oder Nahrungsmittelunverträglichkeiten soweit wie möglich ausgeschlossen werden, um dann eine histaminarme Karenzphase zu beginnen. Diese Diät sollte unter ärztlicher Betreuung durchgeführt werden. Was immer Sie auch machen, tun Sie es nicht alleine. Eine Eigendiagnose ist hier nicht möglich und kann potentiell gefährlich ausgehen, außer wenn Sie vielleicht eine medizinische Ausbildung in den Spezialgebieten Allergien und Nahrungsmittelunverträglichkeiten haben. Ein Provokationstest für Histaminintoleranz im Alleingang kommt auch nicht in Frage. Als Alternative können Sie versuchen, für ein paar Tage Antihistamine (H1- oder H2-Blocker) einzunehmen, um zu sehen ob sich die Symptome verbessern oder sogar verschwinden. Sollte dies passieren, dann sollten Sie Ihren Arzt kontaktieren. Personen oder Firmen, die Ihnen etwas anderes erzählen, werden Ihnen wahrscheinlich eher einen Bären aufbinden wollen, um an Ihre Geldtasche zu kommen, als dass sie ein ehrliches Interesse an Ihrer Gesundheit haben. (siehe auch – Unbrauchbare Tests – die Kommerzialisierung der Gesundheit)

In Zusammenarbeit mit Ihrem behandelnden Arzt sollten Sie eruieren, ob Sie vielleicht auch andere Gesundheitsstörungen haben, um diese Faktoren in die Behandlung einzubeziehen. Es ist ebenso notwendig, alle relevanten Allergietests machen zu lassen, um auch diese Faktoren bei der Behandlung zu berücksichtigen. HIT wird oft als sekundäre Erkrankung in Kombination mit anderen Erkrankungen, wie solche in Kapitel zwei beschriebenen, Morbus Crohn und anderen Magen-Darm-Erkrankungen, welche Auswirkungen auf das Verdauungssystem haben, begleitet. Patienten mit RDS (Reizdarmsyndrom) sind auch potentielle Kandidaten für HIT. In vielen dieser Fälle ist das Ziel die Unterbrechung des Teufelskreises. Bei manchen, die vielleicht das Glück haben, könnte die Histaminintoleranz sogar verschwinden. Sollte die Nahrungsmittelunverträglichkeit wieder auftauchen, wird es für den Betroffenen leichter sein, die Symptome effizienter zu kontrollieren.

Wie wird die Krankengeschichte erstellt, wenn der Arzt sie nicht bereits hat?

Für den behandelnden Arzt ist es wichtig, so viel Zugang wie möglich zu Ihrer Krankengeschichte zu haben. Das beinhaltet bereits vorher erstellte diagnostische Berichte, Medikamente, die sie vorher schon eingenommen haben oder derzeit einnehmen, eine Liste der Nahrungsergänzungsmittel oder Vitamine, die Sie derzeit zu sich nehmen, und eine Liste der Nahrungsmittel, derer Sie sich sicher sind (mit Hilfe eines Ernährungstagebuchs), dass Sie diese vertragen oder nicht vertragen.

Wie kann man eine mögliche Histaminintoleranz ermitteln?

Als erstes sollte erfasst werden, wie häufig eine oder mehrere der folgenden Beschwerden auftreten:

- Bauchschmerzen
- Bauchkrämpfe
- Blähungen oder Rumoren
- Durchfall
- Hautausschläge
- Juckreiz
- Schnupfenähnliche Beschwerden (Augen, Nase, Rachen)
- Kopfschmerzen
- Rheumatische Beschwerden
- Schwindel
- Übelkeit oder Erbrechen
- Starke Müdigkeit

Möglicherweise treffen mehrere Symptome zu, was nicht unüblich ist. Wenn die zugrundeliegenden Beschwerden identifiziert worden sind, sollte nach der Intensität der einzelnen Symptome gefragt werden. Mögliche Antworten wären:

- Selten (etwa einmal im Monat oder weniger)
- Öfter (etwa 2 mal pro Woche)
- Sehr oft (täglich bis 2 mal pro Woche)

Im nächsten Schritt ist es erforderlich zu bestimmen, ob Sie auf diejenigen Nahrungsmittel schlecht reagieren, welche als die größten Übeltäter bekannt sind. Diese sind:

- Sekt, Rotwein, alkoholische Getränke
- Tomaten, ältere Käse, Pizza
- Schokolade
- Säurehaltige Lebensmittel (Zitrusfrüchte, Essig, Sauerkraut)
- Obstsäfte mit Ananas, Erdbeeren oder Bananen
- Melanzani, Spinat
- Nüsse
- Fertigprodukte
- Salami oder andere Rohwürste
- Meeresfrüchte
- Glutamate

Normalerweise sollte zu diesem Zeitpunkt ein Labortest durchgeführt werden. Wenn dieser stattfindet, dann ist es äußerst wichtig, vorher KEINE strenge histaminarme Diät einzuhalten, da ansonsten das Resultat verfälscht sein kann. Die Logik dahinter ist, dass, wenn man weniger Histamin zu sich nimmt, automatisch der DAO-Spiegel in Richtung Normalwert hinauf wandert, sodass das DAO-Defizit manchmal nicht mehr als Histaminintoleranz gewertet werden kann. Die DAO wird nicht so schnell aufgebraucht, also steht automatisch mehr davon zur Verfügung.

Die wichtige Bedeutung eines Diätplans

Anhand der Resultate sollte ein professioneller Diätassistent einen Diätplan ausarbeiten können und auch Ratschläge geben, wie es möglich ist, eine ausgeglichene Diät einzuhalten. Wenn die Diät nicht ausgeglichen sein sollte, dann könnten dadurch andere

Gesundheitsstörungen auftreten – was nicht gerade hilfreich ist und das Leben nur noch komplizierter macht, als es ohnehin bereits ist.

Ich selbst habe zwei Tests für Diaminoxidase in Österreich durchführen lassen. Das erste Resultat zeigte extrem niedrige Werte an. Danach begann ich eine histaminarme Diät und kam aus purer Neugierde für den zweiten Test nach vier Monaten wieder zurück. Dieses Resultat zeigte eine Steigerung meiner Werte. Es war leider nicht das Resultat, dass ich mir gewünscht hätte. Trotzdem blieb die Frage offen, ob dieses Resultat die gewünschte Beweiskraft hatte. Die Tatsache, dass ich bereits eine histaminarme Diät einhielt, bedeutet automatisch, dass zum Zeitpunkt des zweiten Tests mehr Diaminoxidase zur Verfügung stand. Das Enzym wurde nicht so schnell aufgebraucht, weil meinem System weniger Histamin zugeführt wurde. Weiters ließ ich Tests für Zöliakie, Laktoseintoleranz, Fruktosemalabsorption und eine lange Liste von Allergien durchführen. Diese wiesen dann noch eine zusätzliche Fruktosemalabsorption nach.

Am wichtigsten ist hier jedoch, dass ich in der Lage war, den Ursachen meines schlechten gesundheitlichen Zustandes auf den Grund zu gehen, und auch, dass ich heute mit viel Selbstbewusstsein Kontrolle über meine Situation habe und sich generell meine Lebensqualität um ein Vielfaches verbessert hat.

WARNHINWEIS! Manche Patienten mögen in so einem verzweifelten Zustand sein, dass sie in Erwägung ziehen, den Weg der Eigendiagnose einzuschlagen. Das ist äußerst verständlich in Anbetracht dessen, dass vielleicht das Vertrauen in den eigenen Arzt wegen der fehlenden Resultate abnimmt, und der Patient sich mehr und mehr mit den generellen Lebensaspekten, wie in der Arbeit und im sozialen Umfeld, durchringen muss. Den Weg einer Eigendiagnose einzuschlagen ist aber sehr gefährlich, besonders dann, wenn man nicht das nötige Hintergrundwissen hat. Das Internet mag für manche Antworten und Tipps gut sein. Da aber jeder Mensch eine sehr individuelle Krankengeschichte hat, ist es äußerst wahrscheinlich, dass das Netz zu allgemeine und ungenaue Ratschläge gibt. Am ehesten helfen vielleicht solche Ratschläge, die von Organisationen gegeben werden, die sich ausschließlich mit Nahrungsmittelunverträglichkeiten auseinandersetzen. Auch wenn einige dieser sehr kompetenten Organisationen mit eigenen Foren sehr gute Auskünfte geben können, wird es nicht möglich sein, durch diese eine detaillierte Diagnose zu erhalten. Sie können aber für zusätzliche Informationen und dem Austausch zwischen Betroffenen nach einer Diagnosestellung sehr hilfreich sein, obwohl das auch nur begrenzt möglich ist. Die Interpretation der Testresultate sollte auf jeden Fall von einem Mediziner durchgeführt werden.

Unbrauchbare Tests – die Kommerzialisierung der Gesundheit

Ein weiterer großer Stolperstein sind Firmen, die es darauf anlegen, Ihnen Hoffnungen zu machen, indem diese Tests anbieten, die überhaupt nicht hilfreich sind, außer vielleicht für die Bankkonten der Firmen selbst. In einem Artikel der britischen renommierten und unabhängigen(!) Konsumentenzeitschrift „Which? Magazine" wird aufgezeigt, wie Firmen und sogenannte Experten, manche sogar selbsternannte Weltexperten, die Gesundheit der Patienten gefährden können. Sie versprechen, Testresultate zu liefern, die zu einer besseren Gesundheit führen, indem nach einer „Austestung" verschiedene Lebensmittel gemieden werden sollen.

IgG-Test

Manche Labore bieten IgG-Tests für Allergien und Nahrungsmittelunverträglichkeiten an. „Which? Magazine" schreibt dazu: „Sie benützen hierfür eine Blutprobe, die auf messbare IgG-Antikörperwerte gegenüber einer Reihe von Lebensmitteln untersucht wird. Sie behaupten, dass erhöhte IgG-Antikörperwerte im Blut eine Indikation für Nahrungsmittelunverträglichkeiten sind." Die Beurteilung durch "Which?" Magazine legt fest: „...obwohl das IgG-Testverfahren ein wissenschaftlich validierter Test ist, glauben unsere drei Experten in Übereinstimmung mit unseren eigenen

Ergebnissen und anderen veröffentlichten Forschungsarbeiten, dass es schwierig ist, den Nutzen für die Diagnose von Nahrungsmittelunverträglichkeiten wissenschaftlich zu beweisen. IgG-Antikörper können allgemein in gesunden Personen festgestellt werden und beweisen keine Nahrungsmittelunverträglichkeiten, sondern nur, dass das Nahrungsmittel selbst gegessen wurde. Die Experten waren auch darüber beunruhigt, dass die durch die Tests empfohlenen Diäten die Meidung von bis zu 39 Nahrungsmittel empfahlen – was zu Ernährungsmängeln führen kann."

In der bis 2014 gültigen Leitline, *"Keine Empfehlung für IgG- und IgG4-Bestimmungen gegen Nahrungsmittel"* nehmen Allergologieverbände aus Deutschland, Österreich, der Schweiz und der Ärzteverband Deutscher Allergologen mit folgender Aussage Stellung: „..... IgG4 Antikörper gegen Nahrungsmittel sind nach aktuellen wissenschaftlichen Erkenntnissen nicht als Indikator für krank machende Vorgänge misszuverstehen, sondern Ausdruck der natürlichen (physiologischen) Immunantwort des Menschen nach wiederholtem Kontakt mit Nahrungsmittelbestandteilen. Daher ist der allergenspezifische Nachweis von IgG- oder IgG4-Antikörpern gegen Nahrungsmittel zur Abklärung und Diagnostik von Nahrungsmittelunverträglichkeiten ungeeignet und strikt abzulehnen. Dies gilt auch für chronische Erkrankungen und Beschwerden, deren Ursache in einer vermeintlichen, nicht erkannten Nahrungsmittelunverträglichkeit liegen soll. ..." Der komplette Text ist am Internet, in voller Länge, gratis abrufbar. Das gerade zitierte Dokument unterstützt einen Task Force Report der European Academy of Allergy and Clinical Immunology (EAACI) aus dem Jahr 2008. Im Mai 2010 gab auch die American Academy of Allergy, Asthma & Immunology (AAAAI) eine Unterstützungserklärung für das EAACI Position Paper ab.

Vega-Tests

Der Vega-Test ist ein weiterer dieser Tests, die für die Ermittlung von Unverträglichkeiten nutzlos sind, obwohl behauptet wird, dass er Nahrungsmittelunverträglichkeiten diagnostizieren kann, und manchmal auch als Allergietest beworben wird – anscheinend sind sich einige Werbetreibende dieser Tests nicht ganz einig wofür er denn sein soll. Die Methode nennt sich „elektrodermale Testung". Die Testperson soll einen Metallstab halten, der an einen Computer, oder manchmal eine etwas sonderbar aussehende Maschine, die schwerstens an die sechziger Jahre erinnert, angeschlossen ist. Ein weiterer Stab, der einem Kugelschreiber mit Metallspitze ähnelt, wird auf Druckpunkte neben dem Nagelbett eines Fingers gedrückt. Das erzeugt eine elektrische Frequenz. Der Tester wird dann eine „Essenz" einer Nahrungssubstanz nach der anderen in die Maschine stecken und nachsehen, wie hoch die Frequenz steigt. Ist sie niedrig, wird das Nahrungsmittel als zu meidendes eingestuft. Die Rechercheure von „Which? Magazine" bekamen die Anweisung, Nahrungsmittel zu meiden, mit denen sie gar keine Probleme hatten – inklusive Weizen(!). Die Beurteilung des Konsumentenmagazins folgerte ganz richtig, dass „die Diätassistentin Catherine Collins besonders darüber besorgt war, dass der private Praktiker einem der Rechercheure namens Dee anriet alle Getreidesorten zu meiden. ‚Dadurch wäre die Aufnahme von Ballaststoffen, Selen und B-Vitaminen beträchtlich reduziert, und dies würde die Einhaltung einer ausgeglichenen Ernährung erschweren‘, sagte sie. Keiner der Tests ergab für die involvierten Rechercheure ein miteinander vergleichbares Ergebnis von Nahrungsmittelunverträglichkeiten. Die Autoren des Artikels der Zeitschrift sind sich einig, dass diese Methode nicht empfohlen werden kann, und Dr. Adrian Morris, Allergiespezialist im Londoner Royal Brompton Hospital, bestätigt: ‚Klinische Studien haben wiederholt gezeigt, dass der Vega-Test für die Diagnose von Allergien und Nahrungsmittelunverträglichkeiten nicht effektiv ist‘."

Haaranalysen

Manche Firmen werden hingegen versuchen, Ihnen die Geschichte zu verklickern, dass Sie Ihre Unverträglichkeiten mit Hilfe von einer Haaranalyse entdecken können. „Which? Magazine" berichtet, dass eine von ihnen angibt, Unverträglichkeiten durch „die Vibrationen der Energiemuster Ihres Haares, welche den Energiezustand in Ihrem Körper darstellen", zu erkennen. Eine weitere Firma soll behauptet haben, durch genetische Untersuchungen der Haarwurzel Nahrungsmittelunverträglichkeiten feststellen zu können. Nehmen wir uns einmal das Beispiel der Histaminintoleranz her: Könnten uns ein paar dieser Experten bitte erklären, wie man mit einem solchen Test die Aktivität und Quantität des Enzyms Diaminoxidase herausfinden kann? Bitte versuchen Sie es nicht einmal ohne wissenschaftliche Beweise. Es ist wohl mittlerweile überflüssig zu sagen, dass die Rechercheure des Artikels Resultate bekamen, die mit ihrer wirklichen Situation keine Ähnlichkeit hatten. Einem von ihnen wurde geraten, Kuhmilch zu meiden, obwohl diese Person weder eine Laktose-Intoleranz noch eine Sensibilisierung gegenüber Kuhmilchproteinen hat.

Kinesiologie

Ein weiteres Beispiel dieser Reihe von absolut nutzlosen Tests, besonders in Hinsicht auf Nahrungsmittelunverträglichkeiten, ist die Kinesiologie. Dieser Test beruht darauf, dass sich die Testperson niederlegt und entweder in der Nähe von Ampullen mit Nahrungsmittelextrakten liegt oder einzelne davon in der Hand hält. Der Praktiker übt auf die Arme und Beine Druck aus, um diese auf Widerstandsfähigkeit zu testen. Je niedriger die Widerstandsfähigkeit ist, desto mehr soll das Nahrungsmittel den Körper negativ beeinflussen. Hier fanden die Rechercheure wieder einige widersprüchliche Resultate. Bei beiden ergab sich, dass diese Technik keinen Wert als diagnostische Methode hat. Wieder einmal stellten sie die Empfehlungen der Praktiker als besorgniserregend hin. Einem der beiden Rechercheure wurde gesagt, dass er ‚einen Schock erleiden könnte, wenn er Erdnüsse essen sollte', obwohl er weder eine Allergie noch eine Unverträglichkeit hatte.

Was uns dieser Artikel verbildlicht, ist, dass wir in unserer Wahl der Experten sehr vorsichtig sein sollten. Es kann regelrecht gefährlich für Patienten mit Allergien und Unverträglichkeiten sein, wenn sie den falschen Weg einschlagen, weil sie irregeführt werden. Es wird ihren Leidensweg verlängern und kann sie im Endeffekt auch umbringen. Denken wir nur einmal an das Beispiel einer Person, die eine Erdnussallergie hat, aber nicht rechtzeitig informiert wurde, weil diese Tatsache zufälligerweise nicht in der Haarwurzel, in der Muskelspannung oder in der Energieintensivität erkannt wurde!

Vorsicht vor Patientenabzocke!

Sollten Sie im Internet jemandem „begegnen", der meint ein bestimmtes Präparat oder eine bestimmte Therapie wäre „neu am Markt" und besonders hilfreich, dann schauen Sie lieber fünf Mal nach. Besonders aufpassen sollte man bei Leuten in Foren oder Webseiten, die einen speziellen „Arzt", der womöglich nicht einmal einer ist, empfehlen. Bei Produkten stecken oft eigens angeheuerte Marketingangestellte, vielleicht auch getarnt als Patienten, hinter einem oder mehreren Namen, um das Produkt so oft wie möglich anzupreisen, womit Nachfrage vermittelt wird, die gar nicht besteht. Oft geben diese Leute nicht einmal an, wer sie sind. Der Kunde besucht womöglich eine „Praxis", bei der er zu einer Langzeittherapie, die noch dazu auf die Dauer recht teuer wird, überredet. Lassen Sie sich nicht auf so etwas ein. Gehen Sie zu einem ordentlichen Arzt und lassen Sie sich an einen Spezialisten überweisen.

4. Andere NMIs oder die Geschichte der DAO und ihrer Nachbarn

Viele Leute, die ich, während ich dieses Buch geschrieben habe, traf, bestätigten etwas, das ich ihnen ursprünglich nicht geglaubt hatte. Es gibt eine Theorie, dass HIT nie alleine auftaucht, sondern in Kombination mit anderen Unverträglichkeiten und Allergien auftritt. Das macht alles eher kompliziert, besonders dann, wenn die betroffene Person noch versucht, herauszufinden, was in Gottes Namen mit ihr los ist. Mit der Zeit habe ich etliche Leute mit HIT kennengelernt, und nicht ein einziger war nur von einer Unverträglichkeit oder Allergie betroffen.

Nachstehend führe ich ein paar Unverträglichkeiten an, die öfters gemeinsam mit HIT auftreten. Sollte eine dieser Unverträglichkeiten diagnostiziert werden, ein Teil der unangenehmen Symptome jedoch bestehen bleiben, sollte der Arzt auch einen HIT-Test in Erwägung ziehen. Allergieaustestungen sollten durchgeführt werden. Allergietests werden für jene Allergene gemacht, die normalerweise in der geographischen Region des Patienten häufig vorkommen.

Laktoseintoleranz

Wie häufig eine Laktoseintoleranz in der Bevölkerung auftritt, wird dadurch bestimmt, auf welchem Teil dieser Welt man wohnt. Im Süden Afrikas und in Asien können zwischen 80 und 100 Prozent der Bevölkerung Laktose nicht vertragen. Im geographischen Raum Großbritannien, Irland und Nordeuropa sollen durchschnittlich fünf Prozent der Bevölkerung diese Unverträglichkeit haben. In Deutschland werden etwa 13 bis 14 Prozent, in Österreich etwa 20 Prozent als laktoseintolerant angegeben.

Patienten mit Laktoseintoleranz oder Laktosemalabsorption können diese Komponente in Milchprodukten entweder nur begrenzt oder auch gar nicht verdauen. Laktose ist ein Zweifachzucker, zusammengesetzt aus den zwei Zuckerbestandteilen Glukose und Galaktose. Laktose muss zuerst in diese beiden Bestandteile aufgespalten werden, um den Blutkreislauf über den Weg des Darmes zu erreichen. Diese Aufgabe wird von einem Enzym namens Laktase – nennen wir sie eine Nachbarin unserer DAO im Darm – durchgeführt, die eben gerade die Laktose spaltet. Laktose wird hauptsächlich über Milch und Milchprodukte aufgenommen.

Jemandem mit Laktoseintoleranz wird entweder nur sehr wenig oder gar keine Laktase zur Verfügung stehen. Die Konsequenz daraus: Die Laktose wird, nachdem sie durch den Magen gewandert ist, unser Darmsystems erreichen, wo wir das Zuhause von einigen Bakterien finden werden. Dort wird dann eine Reaktion stattfinden, die das Ganze in größere Mengen von kurzkettigen Fettsäuren wie Milchsäure und Essigsäure, Kohlendioxid, Methan und Wasserstoff durch einen Gärungsprozess umwandelt. Es ist nicht unbedingt notwendig, genau zu verstehen, was diese chemischen Komponenten sind. Es reicht wahrscheinlich schon alleine zu begreifen, dass die Auswirkungen dieser Umwandlung in diesem Fall so unangenehm sind, wie sie auch klingen, außer wenn man vielleicht glaubt, dass Säuren und Gase etwas Angenehmes sind.

So stellt sich nun die Frage, auf welche Weise diese Unannehmlichkeit ihr hässliches Haupt erhebt! Also, normalerweise plagt sie die betroffene Person mit Durchfall, Unwohlsein im Magenbereich bis hin zur Übelkeit, schmerzhaften Bauchschmerzen und/oder der immer wieder sehr peinlichen Blähungen, in höherer und eher schmerzhafter Quantität auch „Meteorismus" genannt.

Früher war es nur möglich, eine Laktoseintoleranz zu erkennen, indem der Testperson ein Glas mit in Wasser aufgelöster Laktose zum Trinken gereicht wurde. Wie sich das anfühlt, wenn das jemand mit Laktoseintoleranz ist, wurde ja schon Eingangs beschrieben. Es ist noch immer eine sehr brauchbare Methode, obwohl einige Stimmen darauf hingewiesen haben, dass dieses Verfahren nicht immer zu einer korrekten Diagnose führt – meistens soll sie aber in Ordnung sein. Eine andere Möglichkeit wäre, eine Biopsie aus dem Darm zu entnehmen. Noch so etwas, vor dem den meisten von uns eher graut... .

Aber heutzutage zeichnet sich eine Lösung für dieses Problem ab. Zumindest für diejenigen, bei denen nachgewiesen werden kann, dass sie genetisch vorbelastet sind. Eine wissenschaftliche Arbeit der Universität Mainz in Deutschland vertritt die Auffassung, dass der häufigste Grund für eine Laktoseintoleranz genetischer Herkunft ist, und dass diese Art der Laktoseintoleranz durch einen DANN-Test namens LCT -13910 TT erfasst werden kann. Diese Theorie wurde bereits von vielen mit Begeisterung angenommen, besonderes denjenigen, die in der Welt der Unverträglichkeiten leben. Abgesehen davon ist dieser Gentest einfach zu machen und um einiges schmerzloser als die oben beschriebenen Varianten. Er ist auch für Kinder geeignet. Er kann entweder durch die Abnahme einer Blutprobe oder durch Proben, die aus der Mundschleimhaut entnommen werden, durchgeführt werden. Wie herrlich!

Wenn eine Laktoseintoleranz festgestellt wird, kann es für den Betroffenen nur besser werden. Wie mit jeder Nahrungsmittelunverträglichkeit ist die beste Art, sich zu helfen, den Kampf aufzunehmen und sich von den Schmerzen, dem ewigen Leiden und den immerwährenden Peinlichkeiten zu befreien, indem man den Übeltäter meidet, sofern das nötig ist. In diesem Fall sind es Milchprodukte und alle anderen Produkte, denen Laktose zugefügt wurde. Zwar für diejenigen mit HIT weniger hilfreich, aber doch erwähnenswert ist, dass der Laktosegehalt in Milchprodukten mit zunehmendem Reifegrad stark sinkt, da die Laktose während des Reifungsprozesses abgebaut wird. Jeder hat seine individuelle Toleranzgrenze, und es ist die Aufgabe des Einzelnen, diese für sich herauszufinden. Es ist äußerst wichtig, dies zu tun, da Milchprodukte uns mit sehr wichtigen Komponenten, wie zum Beispiel Kalzium beliefern. Für detailliertere Informationen gibt es einige Webseiten und Bücher am Markt, die genauer beschreiben, was man bei Laktoseintoleranz beachten muss und wie man sich eine gesunde Ernährung trotz dieser Einschränkung sichern kann.

Fruktosemalabsorption

Eine Fruktosemalabsorption – auch als intestinale Fruktoseintoleranz (IFI) bekannt – soll etwa bei einem Drittel der Bevölkerung vorkommen. Einige Malabsorber merken das aber nie, weil ihre Toleranzgrenze höher als der Anteil der Fruktose in ihrer Nahrungsaufnahme ist.

Fruktose ist ein natürlicher Bestandteil in Früchten und Gemüsesorten, wenngleich sie alle verschiedene Fruktosegehalte haben. Als allgemeine grobe Faustregel haben Gemüse einen niedrigeren Fruktosegehalt als Früchte, und viele Gemüsesorten werden in normalen Haushaltsdosierungen gut vertragen. Höhere Fruktosemengen finden sich in Honig, Fruchtsäften, Fruchtjoghurts, Marmeladen, diversen Süßigkeiten und Limonaden. Der Einfachzucker Fruktose wird auch gerne als Ersatz für den normalen Zucker in verschiedensten Lebensmitteln verwendet, und man findet ihn in Hülle und Fülle in kalorienarmen oder Diabetikerprodukten. Betroffene sollten besonders auf Verpackungshinweise mit den Worten „zuckerfrei" oder ähnlichen Texten achten. „Zuckerfreien" Produkten werden öfter auch ein, für Malabsorber ungeeigneter, Zuckeraustauschstoff – Sorbit (E 420), – zugesetzt. Sorbit, zum Beispiel als Zusatzstoff in Kaugummis und Medikamenten verwendet, sollte auch deshalb gemieden werden weil er obendrein ein wichtiges Transportsystem der Fruktose blockiert. Dieses Transportsystem ist das Protein GLUT-5, und wenn die Fruktose auf einen solchen Zug aus irgendeinem Grund nicht aufspringen kann, dann rutscht sie weiter in den Dickdarm. Dort wird ein ähnliches Szenario wie bei der Laktoseintoleranz, mit einem Gärungsprozess, stattfinden.

Die Symptome sind Blähungen, Durchfälle oder Verstopfung, Bauchschmerzen. Weitere Symptome sind ein Gefühl, als hätte man Watte im Kopf, und Müdigkeit bis hin zur Depression.

Einen Gen-Test für die Diagnose scheint es leider nicht zu geben. Die einzige Möglichkeiten ist derzeit, einen H2 – Atemtest für Fruk-

tose zu machen. Hier trinkt man nüchtern ein kleines Glas mit in
Wasser aufgelöster Fruktose (empfohlene Menge 25g) und macht
danach einen Atemtest für Wasserstoff- und Methanwerte in ppm
(parts per million), der einen sehr an die Alkoholkontrolle in einem
polizeilichen Planquadrat erinnert. Sollte, ganz besonders bei Kindern, ein Verdacht auf hereditäre Fruktoseintoleranz bestehen
(siehe Kapitel Fruktoseintoleranz) darf auf keinen Fall ein H2 –
Atemtest durchgeführt werden. Zuerst muss der Arzt abgeklären
ob der Patient eine heriditäre Fruktoseintoleranz hat. Wenn man,
abgesehen von einer Diagnose, überhaupt irgendetwas Positives
über diesen Test sagen kann, dann ist es, dass diejenigen, die
Fruktosemalabsorption haben, auf alle Fälle wissen werden, was
ihre individuellen Symptome sind und wie sie sich anfühlen. Das ist
äußerst hilfreich, wenn man herauszufinden versucht, wo die persönliche Toleranzgrenze liegt, ohne dass man die Symptome mit
denen von zusätzlichen Unverträglichkeiten verwechselt.

Für diejenigen, die den H2-Test nicht machen können oder sollten,
gibt es die Alternative, eine Stuhluntersuchung durchführen zu
lassen. Jedoch steht die Validität dieser Methode unter wissenschaftlicher Diskussion. Resultate von solchen Untersuchungen
sind daher mit größter Vorsicht zu genießen.

Bezüglich dessen, was man schon und was man nicht essen darf,
oder soll, fliegen in dieser Welt ziemlich viele verwirrende Informationen herum. Viele glauben, dass, wenn sie eine IFI (=
Fruktosemalabsorption) haben, sie gar keine Früchte mehr essen
dürfen. Das muss nicht unbedingt stimmen. Jeder einzelne muss für
sich herausfinden, wie viel er an Früchten verträgt. Einige Beeren-
sorten scheinen für viele verträglicher zu sein, besonders dann,
wenn sie davon eine Portion über den Tag verteilt essen. Eine weitere recht wertvolle Information ist, dass kleine Glukosemengen
die Fruktoseaufnahme im Körper, (leider nur bis zu einem gewissen Maß, aber doch), verbessern können. Das kommt natürlich
wieder auf die individuelle Toleranzgrenze an. Im Grunde nimmt
die Glukose in diesem Fall per „passiver Diffusion" die Fruktose
Huckepack in den Stoffwechsel mit. Zu guter Letzt sollte hier noch

erwähnt werden, dass die einzelnen Gemüse- und Obstsorten auch verschiedene Glukosewerte haben, weshalb manche verdaulicher für IFI's sind als andere.

Sollten Sie mit einer Fruktosemalabsorption diagnostiziert worden sein, dann ist es höchst empfehlenswert, einen Diätassistenten mit guter Kenntnis dieser Unverträglichkeit aufzusuchen. Obst und Gemüse sind unglaublich wichtige Quellen für alle möglichen wesentlichen und nützlichen Stoffe für unseren Körper. Ein richtig ausgearbeiteter Diätplan ist ohne Frage ein großartiger Start und hilft auch, die Angst vor der Veränderung zu nehmen. Es gibt diesbezüglich einige Webseiten, und Bücher die für Laien verständlich geschrieben sind.

Fruktoseintoleranz

Eine Fruktoseintoleranz, oder auch „Hereditäre Fruktoseintoleranz (HFI)" ist eine sehr seltene Krankheit, die von einem Defekt eines Enzyms (Aldolase B) in der Leber herrührt. Die Fruktose wird in diesem Fall nicht richtig abgebaut. Diese seltene Krankheit ist sehr schwerwiegend und kann lebensbedrohlich sein, sollte sie nicht rechtzeitig erkannt werden. HFI Patienten können weder Fruktose noch Sorbit verdauen, und müssen auch andere Zucker (wie Saccharose) in einer lebenslangen Spezialdiät strikt meiden. HFI kann mit Hilfe eines genetischen Molekulartests erkannt werden. Die HFI sollte auf keinen Fall mit einer Fruktosemalabsorption verwechselt werden.

Salicylatintoleranz

Ein weiteres einfaches Beispiel einer, in der Symptomatik, zur HIT potentiell ähnelnden Nahrungsmittelunverträglichkeit ist die Salicylatintoleranz. Die klassischen Symptome dieser Unverträglichkeit sind verlegte, rinnende Nase, Entzündungen in der Nase und Asthma. Sie kann aber auch zu Magen-Darmbeschwerden mit Meteorismus, Blähungen und Durchfall führen – ebenso wie die HIT. Besonders wenn man keine Kartoffeln verträgt sollte man sich bezüglich dieser Nahrungsmittelunverträglichkeit untersuchen lassen. Es gibt nur wenige HIT-Betroffene, die angeben, keine Kartoffeln zu vertragen. Gerade diese Betroffenen sollten sich auf eine Salicylatintoleranz untersuchen lassen.

Zöliakie

Die Zöliakie ist im Gegensatz zu den oben genannten Erkrankungen eine Autoimmunkrankheit und keine Intoleranz oder Allergie. In Großbritannien liegt die Zahl der Betroffenen bei etwa 1:100, und in Zentraleuropa, soweit das erkennbar ist, bei ungefähr 1:200. Traurigerweise wird diese chronische Erkrankung, obwohl sie einen ziemlichen Bekanntheitsgrad erreicht hat, noch immer zu selten diagnostiziert. Wenigstens gibt es viele Information, was wirklich fantastisch ist. Nur damit es hier keine Missverständnisse gibt: Zöliakie ist nicht ansteckend - genausowenig wie andere Nahrungsmittelunverträglichkeiten und Allergien.

Zöliakiepatienten müssen bedauerlicherweise eine strenge glutenfreie Diät einhalten. Gluten ist zum Beispiel ein Bestandteil der Getreidesorten Weizen, Roggen und Gerste. Hafer sollte verträglich sein, wird aber des öfteren nicht vertragen, weil es durch Geräte kontaminiert wurde in denen vorher glutenhaltige Produkte verarbeitet wurden. Wenn glutenhaltige Nahrungsmittel in das Verdauungssystem gelangen, findet bei Zöliakiekranken eine komplexe Reaktion zwischen der Darmschleimhaut und dem Immunsystem statt, wo die Dünndarmzotten stark abgeflacht werden. Entzündungen sind die Folge, die über längere Zeit hinweg schwere Folgeerkrankungen wie zum Beispiel Kolitis und Darmkrebs nach sich ziehen können.

Die Reichweite der Symptome ist breitgefächert, und sie zeigen sich häufig in Form von allgemeinem Unwohlsein, Müdigkeit, Durchfall und Gewichtsverlust, Verstopfung, Blähungen, Appetitlosigkeit, Bauchschmerzen, Geschwüren (Aphthen) im Verdauungsapparat, Übelkeit, Erbrechen, starken Schmerzen in den Muskeln, Gelenken und Knochen, Epilepsie, Anämie, Kopfschmerzen, Haarausfall, Hautreizungen, Kleinwüchsigkeit, Osteoporose, Depressionen, Unfruchtbarkeit und wiederholten Fehlgeburten.

Wenn Sie der Meinung sind, möglicherweise eine Zöliakie zu haben, sollten Sie sich umgehend mit ihrem Arzt in Verbindung setzen und mit diesem über eine Abklärung reden. Was immer Sie als nächstes tun, es ist nicht hilfreich, sofort eine glutenfreie Diät - noch vor der Austestung - anzufangen, da dies die Resultate soweit verfälschen kann, dass eine Zöliakie in der Auswertung nicht mehr erkennbar ist. Als erstes wird ein Bluttest gemacht. Der zweite Schritt ist eine Überweisung in ein Spital, wo vom Gastroenterologen eine genaue Diagnose durch eine Dünndarmbiopsie erstellt werden kann.

Diese Krankheit ist derzeit noch nicht heilbar, und Betroffene müssen bis auf Weiteres für den Rest Ihres Lebens eine glutenfreie Diät einhalten. Glücklicherweise hat ein Teil der Nahrungsmittelindustrie bereits erkannt, dass sie auch hier profitieren kann, was besser als gar nichts ist, und das Leben der Zöliakiepatienten um einiges „vereinfacht".

Andere Nahrungsmittelunverträglichkeiten, die öfters in Kombination mit HIT erkannt werden, sind Kasein-, Glutamat- und Sorbitunverträglichkeit.

Wenn man sich die allgemeinen Aspekte aller Unverträglichkeiten ansieht, ist es nicht verwunderlich, warum sie so leicht miteinander verwechselt werden können. Darum sollte unbedingt nachverfolgt werden, welche der Unverträglichkeiten der Patient wahrhaftig hat.

Machen wir einen Blick zurück auf meine eigene Geschichte: Als ich herausfand, dass ich HIT hatte, fing ich an, alles Mögliche zu tun, was wir normalerweise als gesund betrachten. Ich wollte dieses Problem so schnell wie nur menschenmöglich aus der Welt schaffen. Erinnern wir uns daran, dass mir zu diesem Zeitpunkt alles ganz neu war, dass ich für einige Zeit keinen Diätassistenten herangezogen und mich nur an die HIT-Nahrungsmittelliste gehalten hatte, mich also nur auf die histaminarme Diät konzentriert hatte. Bei meinem Bemühen, mich extra gesund zu ernähren, fing ich an, mir sehr leckere Smoothies zu machen. Ich trank viel Apfelsaft und versuchte, mehr Früchte in meinen neuen, selbst zusammengestellten Diätplan zu integrieren. Aber irgendetwas ging da schrecklich schief. Der Ernährungsplan schien nur zum Teil zu funktionieren. Manchmal fühlte ich mich besser, manchmal ganz schrecklich. Ich machte immer das Histamin dafür verantwortlich. Heute weiß ich, dass ich mich dann schlechter fühlte, wenn ich mehr Früchte gegessen hatte, als meine Toleranzgrenze erlaubte, und dass es mir um einiges besser ging, wenn ich nur Gemüse gegessen hatte. Offen gesagt hatte ich während der Symptomausbrüche unglaublich schmerzhafte und spontane Anfälle von Blähungen – diejenigen, wo man wimmernd am Boden liegt – gefolgt von ein paar exzessiven Sitzungen auf der Toilette. Es versteht sich wohl von selbst, dass ich in solchen Momenten zutiefst unglücklich war. Ich fühlte mich machtlos in diesem Kampf. Ich fürchtete mich davor, langsam dahinzusiechen, wenn es so weiter gehen sollte. Ich hatte Angst und wurde depressiv. Meine Mutter, die mir immer ohne Wenn und Aber zur Seite stand, war über diesen Verlauf der Dinge zutiefst beunruhigt. Ich konnte es in ihren Augen sehen, und es gab keine Möglichkeit, ihr die Sorgen zu nehmen. Unzählige Male diskutierten wir darüber, was hier nicht in Ordnung sein könnte, was es denn gewesen sein könnte. Meinen weiteren psychischen Zustand zu beschreiben, würde jetzt zu weit führen. Da braucht man nicht viel Phantasie.

Ich kann gar nicht sagen, wie glücklich ich mich schätzen kann, einige Leute in Österreich getroffen zu haben, die mich über das Problem der multiplen Nahrungsmittelunverträglichkeiten in Kenntnis gesetzt haben – das mag jetzt etwas seltsam klingen. Anfangs dachte ich sie erzählen mir Märchen, dachte: „Naja, sind ja nur Patienten. Die haben ja keine Ahnung. Die reimen sich halt auch alles Mögliche zusammen." Mit diesen Gedanken war ich eigentlich ziemlich respektlos ihnen gegenüber, wie eine kleine eingebildete Rechercheurin, die glaubt, alles zu wissen. Aber tief drinnen war ich höchst defensiv. Ich wollte **so gar nicht** wissen, ob da noch etwas war. Eine Unverträglichkeit war genug. Basta.

Als ich aber in der Lage war, festzulegen, dass es in meinem Fall eine Kombination von zwei Unverträglichkeiten, nämlich HIT und Fruktosemalabsorption, war, fing ich eine Karenzphase an, die beide Unverträglichkeiten berücksichtigte. Das Rätsel war gelöst. Die Symptome traten den Rückzug an. Mein Verdauungssystem kam endlich zur Ruhe, und ich fühlte mich wieder um einiges menschlicher. Ich wusste aber auch, dass ich noch einen langen Weg vor mir hatte und dass mir auch keiner sagen kann, ob eine der zwei Unverträglichkeiten je ganz verschwindet. Aber die Hauptsache war, dass ich wusste, was es war, und dass ich sogar etwas dagegen tun konnte.

Wenn ich zurückschaue, komme ich mir doch ein bisschen dumm vor. Warum habe ich nicht auf meinen Körper gehört?! Vielleicht habe ich ein wenig zu viel auf andere gehört, die zu wissen meinen, was gut für einen ist, und habe aufgehört, auf mich selbst zu hören. Im Nachhinein macht alles Sinn. Heute kann ich auf verschiedenste Situationen zurückschauen und sagen: „Ah, deshalb ist das passiert." Einige Krankheitsepisoden, die jetzt schon sehr lange zurückliegen, sind nicht mehr wie ein Buch mit sieben Siegeln, und das gibt einem unglaublich viel Selbstvertrauen zurück. Ja, ich muss vielleicht zugeben, dass ich mit etwas lebe, wodurch man mich nicht mehr als normalen Esser einstufen kann, aber ich bin kein eigenartiger Freak, oder jemand, den man heutzutage leicht als „heiklen Esser" abtun mag.

In diesem Sinne möchte ich gerne denjenigen, die öfter die Worte ‚heikler oder pingeliger Esser' für jemanden in ihrer Umgebung verwenden, verdeutlichen, dass diese Person möglicherweise eine unentdeckte Nahrungsmittelunverträglichkeit hat und gar nichts dafür kann. Wenn man anderen, vor allem Kindern, sagt, dass sie heikle Esser sind, macht man sie nur runter. Damit erreicht man höchstens, dass die betroffenen Personen sich noch schlechter fühlen. Man sollte ihnen so etwas nicht antun. Wer keine Ahnung hat, warum eine Person heikel beim Essen ist, hat auch nicht das Recht, sie dafür zu verurteilen. Es hilft viel eher, wenn man die Suche nach dem Grund für die Angst vor dem Essen unterstützt. Vom Prinzip her sind das "5 am Tag"- Konzept und die Ernährungspyramide ja keine schlechte Idee, aber sie eignen sich nicht für jeden von uns. Alleine schon die Vielfältigkeit unsere Kulturen und die genetischen Hintergründe erlauben uns nicht, alle Menschen in die Zwangsjacke eines bestimmten Ernährungsprinzips hineinzuzwängen, als ob wir alle Maschinen wären, die von demselben Motor und dem gleichen Treibstoff angetrieben werden.

Sollten Sie vermuten, dass ihr Kind eine Nahrungsmittelallergie oder -unverträglichkeit oder eine andere essbedingte Störung hat, dann ist es Ihre Pflicht, mit Ihrem Kind zum Kinderarzt zu gehen und dies abklären zu lassen. Eine falsche eigenproduzierte Ernährungsumstellung kann für Ihr Kind fatale Folgen haben. Unter anderem könnten Sie dadurch eine psychische Essstörung oder auch Gedeihstörungen auslösen.

5. Womit die HIT absolut nicht verwechselt werden sollte

Jemandem, der von der Histaminintoleranz vorher noch nie gehört hat, zu erklären, was diese eigentlich ist, kann sich mitunter als etwas schwierig gestalten. Sobald man versucht, eine möglichst einfache Erklärung zu formulieren, wird man selbstverständlich gleich sein bestes tun, alles vereinfacht auszudrücken – und das Gegenüber schaut einen daraufhin nur noch mit großen, fragenden Augen an. Die einfache Aussage, „Ich habe eine Histaminintoleranz", führt normalerweise gleich zur ersten Frage: „Oh, Du hast eine Allergie?" Das beruht natürlich mit ziemlicher Sicherheit nicht auf einer Ignoranz des Gesprächspartners. Es kann aber mitunter etwas anstrengend werden, wenn man das Gefühl hat, immer wieder aufs Neue das Gleiche erklären zu müssen. Aber sehen wir das Ganze positiv. Wenn Sie sich Zeit für eine Erklärung nehmen, reden die Leute darüber, und vielleicht gibt es jemanden da draußen, der gerade deshalb seiner eigenen Unverträglichkeit auf die Spur kommt und sich deswegen eines Tages auch wieder gesünder fühlt. Man weiß ja nie, wofür es gut ist…..

Hier zur Aufklärung einiger Missverständnisse:

Das ist eine Allergie, oder?

Wenn wir versuchen anderen zu erklären was es ist, verwenden wir automatisch das Wort „Histamin". In unseren Köpfen sind die Worte Allergie und Histamin eng miteinander verbunden, und das aus gutem Grund. Das bedeutet aber auch, dass die Histaminintoleranz oft mit der Allergie verwechselt, und nicht als unabhängige Unverträglichkeit verstanden wird. Viele Patienten, die noch nicht in der Lage waren, der Ursache ihres Gesundheits-problems auf die Spur zu kommen, laufen deshalb Gefahr zu glauben, dass sie eine Nahrungsmittelallergie haben, obwohl es eigent-lich eine Histaminintoleranz ist. Der Unterschied zwischen einer Allergie und einer HIT ist, dass die Allergie durch eine „Überreakti-on" des Immunsystems ausgelöst wird, wobei bei HIT das fehler-hafte Enzym Diaminoxidase (DAO), welches dann Histamin nicht ausreichend abbauen kann, verantwortlich ist. Wenn der wahre Grund der Symptome nicht erkannt wird, kann der Patient die potentielle Abwärtsspirale nicht aufhalten. In einem solchen Fall, besonders dann, wenn die Reaktion auch Durchfälle verursacht, wird die Krankheit sich nur verschlimmern und kann weitere Unverträglichkeiten oder Folgeerkrankungen auslösen.

Die Symptome einer Allergie sind denen der HIT sehr ähnlich und manchmal sogar identisch wie bei einer Imitation. Man könnte es schon fast mit einem Nachahmungswettbewerb zwischen den zweien vergleichen. Beispiele von allergischen Reaktionen sind rinnende Nase, Irritationen der Haut, Augen und Nase, Asthma, Bauchschmerzen, Übelkeit, und Durchfall – nur um ein paar davon aufzuzählen. Die Allergie wird in drei Hauptgruppen aufgeteilt:

- Nahrungsmittelallergien
- Inhalationsallergien mit Symptomen wie Heuschnupfen, Rhinitis und allergischem Asthma
- Hautallergien, die sich in Form von Ekzemen und Nesselsucht (Urtikaria) zeigen. Manche Personen können auch überempfindlich auf Medikamente, Latex, Haustiere und Insektenstiche reagieren.

Eine Allergie kann durch eine Reaktion des Immunsystems auf einen Fremdkörper ausgelöst werden. Das Immunsystems hat die Aufgabe, den Körper vor Bakterien, Viren, Krebszellen und anderen Fremdenkörpern zu schützen. Genauer gesagt ist eine klassische Allergie eine von fünf Formen der Immunreaktion und wird als Typ-I-Allergie (Soforttyp-Reaktion) klassifiziert. Sie zeichnet sich durch eine übermäßige Aktivierung von IgE-Antikörpern aus, und führt im Endeffekt zu einer übermäßigen Entzündungsreaktion.

Bei der Allergie reagiert der Körper auf Informationen vom Immunsystem und schüttet daraufhin eine überhöhte Menge an Histamin und anderen Entzündungsstoffen aus. Im Gegensatz zu einer Histaminintoleranz, erfolgt die Reaktion einer klassischen Allergie innerhalb einiger Sekunden oder Minuten.

Es könnte sein, dass Sie auf der Suche nach den Ursachen Ihrer Symptome herausgefunden haben, dass Sie eine bestimmte Allergie in Kombination mit einer HIT haben. 30% aller Allergiker mit einer Inhalationsallergie geben an, auch an Nahrungsmittelunverträglichkeiten zu leiden, von denen nur 10% echte Nahrungsmittelallergien haben, 10% leiden an einer Laktose- oder Fruktoseunverträglichkeit, 40% haben Kreuzallergien zu Pollen, und 40% der genannten Allergiker haben eine Histaminintoleranz. Daher soll sich ein Allergiker auch während der Allergiesaison histaminarm ernähren.

Patienten, die an einer Kombination von Allergie und HIT leiden, sind doppelt belastet. Um in diesem Fall die Symptome soweit wie möglich zu minimieren, ist es umso nötiger, eine histaminarme Diät nach einer allergischen Reaktion oder während der Allergiesaison einzuhalten. Während dieses Zeitraums wäre es auch nicht unangebracht, den Ernährungsplan mit der Einnahme eines Antihistaminikums, welches Histamin unterdrückt oder blockiert, zu unterstützen. Welche Antihistaminika die richtigen für Ihre persönliche Situation sind, müssen Sie mit Hilfe des Arztes herausfinden. Versuchen Sie, im Idealfall welche zu bekommen die nicht müde machen.

Ein Grund, nicht mehr zu essen?

Das Schlimmste, was Sie sich antun können, ist, nicht mehr ordentlich zu essen! Wenn man mit Hilfe seines Arztes eine HIT ermitteln konnte, sieht es für viele zuerst so aus, als wären sie mit ziemlich gewaltigen Veränderungen konfrontiert. Aber um die Sonnenseite des Ganzen zu sehen, wurde das Problem erkannt, und das ist ein gigantischer Schritt in Richtung eines viel besseren Lebensgefühls in näherer Zukunft.

Es gibt auch keinen Grund dafür, die Nerven zu verlieren. Überhaupt ist Panik eine Form des Stresses, und bei Stress wird Histamin im Körper freigesetzt. Deshalb wird es eine extra Aufgabe sein, eben diesen Stress zu vermeiden. Es ist kein Todesurteil. Die

Kenntnis darüber ist ein großer Vorteil! Ab jetzt kann es aufwärts gehen!

Ist es eine Abmagerungskur?

Die Tatsache, dass die Lösung für HIT Patienten eine veränderte, ausgeglichene, und wegen ihrer frischen Zutaten auch sehr gesunde Ernährungsweise ist, könnte bei manchen gesunden Personen den Eindruck erwecken, dass dies eine neue „Modediät" zum Abnehmen sein könnte. Sollten Sie in irgendeiner Weise das Gefühl haben, abnehmen zu müssen, ist es besser, sich an die umfangreiche Literatur da draußen zu wenden, die sich spezifisch mit solchen Ernährungsumstellungen befasst. Wenn Sie sich nicht krank fühlen, dann ist dieses Buch nichts für Sie.

6. Ein eigenes Kapitel für die Damen

Histamine und Frauen

Ein häufiges Symptom bei der Histaminintoleranz wird im medizinischen Gebrauch "Dysmenorrhöe" genannt. Manche Frauen kennen diese sehr gut in der Form von schweren Regelbeschwerden. Ein großer Anteil der HIT-Diagnosen wird bei Frauen gestellt. Es besteht die Vermutung, dass dies zu schweren Regelschmerzen, heftigen Kopfschmerzen und allen möglichen anderen schrägen Symptomen, die wir Frauen vor und auch nach der Regel erdulden, führen kann. Das kann ebenso zu Problemen beim Einsetzen der Menopause führen. Da wir unser halbes reproduktives Leben damit verbringen, entweder eine Regel in Anlauf zu nehmen oder eine zu haben, lohnt es sich, alle vernünftigen Maßnahmen zu ergreifen, die einem das Leben während dieser Zeit angenehmer machen können. Sehen wir uns erst einmal an, warum manche Frauen mit HIT so sehr schwer dadurch beeinträchtigt werden können.

Es sieht sehr danach aus, dass Histamin in der Woche vor einer Regelblutung eine Rolle spielt - Sie wissen schon, die Zeit, in der die Menschen in unserem näheren Umfeld meinen, dass wir etwas schwierig sind. Das bedeutet: Je weniger Histamin, desto besser. Bei Bedarf kann man versuchen, in dieser Zeit beim Auftauchen von Symptomen den Ernährungsplan dementsprechend zu justieren. Es gibt mittlerweile einige Gespräche in Foren, die uns bestätigen, dass Frauen, die mit HIT leben, in der Woche vor und auch während der Regelblutungen eine Linderung der Symptome erreichen können, wenn sie den Histamingehalt durch ihre Ernährung reduzieren. Der Trick ist, die Histaminladung nicht nur während der Regel, sondern auch schon eine Woche davor einzuschränken.

Beim Einsetzen der Blutung wird mit dem Abbau der Gebärmutterschleimhaut im Körper automatisch Histamin freigesetzt. In manchen Fällen können die gleichen Symptome wie beim Konsum des „berüchtigten" Rotweins oder einer übermäßigen Menge an Tomaten auftauchen. Auch hier kann es zu einem Überfluss an Histamin kommen. Manche Frauen können dadurch schwere Regelbeschwerden (Dysmenorrhöe) von so großem Ausmaß erleiden, dass sie regelrecht umfallen und im Spital wieder aufwachen – was mir auch einmal passiert ist. Diese Schmerzen sind so stark, dass eine Geburt - das wurde mir zumindest von Leuten gesagt, die schon beides erfahren haben – dagegen ein Zuckerschlecken sein soll.

Schwangerschaft

Wenn wir schon beim Thema Schwangerschaft sind: Es ist mittlerweile bekannt, dass sich die DAO-Produktion, in diesem Fall durch die Plazenta, zwischen dem 3. und 9. Schwangerschaftsmonat sprunghaft bis auf das 500-fache des Normalwerts einer nichtschwangeren Frau ansteigt. HIT-Patientinnen haben berichtet, dass sie sich lange nicht mehr so gut gefühlt haben wie in der Schwangerschaft. In der Natur gibt es für diesen DAO-Anstieg einen triftigen Grund: Die Gebärmutter reagiert empfindlich auf Histamin, und ohne Schutz durch die DAO kann es zu einer Fehlgeburt kommen. Es wäre schön, wenn nach einer Geburt die DAO-Werte sich auch wieder in einer normaleren Region einpegeln würden, jedoch scheint das nicht der Fall zu sein. Das bedeutet, dass man zusätzlich in dieser anfänglich eher anstrengenden Zeit, so lieb die Kleinen auch sind, seine Ernährung wieder auf die individuelle Toleranzgrenze zurückschrauben sollte. Serienmäßige Schwangerschaften werden als Problemlösung hiermit nicht empfohlen!

Dann gibt es noch das komplexe Thema „Pille". Wenn junge Mädchen schwere Regelbeschwerden haben, wird ihnen oft vom Arzt angeraten, die Pille zu nehmen oder ein Implantat einsetzen zu lassen, wo die Regel oft auch komplett aussetzt. Diese Behandlung funktioniert meistens und hat es ebenso in meinem Fall getan. Wie die meisten Dinge in der komplexen Welt der HIT muss dies aber nicht für jede Frau der Fall sein.

Als Mittel gegen Schwangerschaftserbrechen wurden Antihistaminika oder Vitamin C-Kautabletten vorgeschlagen. Sie sollten jedoch bei Problemen während der Schwangerschaft jeglichen Einsatz von Präparaten, deren Art und Menge mit dem behandelnden Arzt besprechen und mit ihm abklären, ob diese Handlungsweise in ihrem individuellen Fall zu Komplikationen führen könnte.

Wechseljahre

Obwohl es noch keine wissenschaftlichen Beweise dafür gibt, ist die Rede davon, dass eine Abnahme des Östrogenspiegels bei der Menopause eine mögliche Ursache für HIT sein könnte. Statistisch wurde angegeben, dass bei vielen Frauen um die 40 HIT-Symptome auftreten, die sie vorher nicht hatten. Es scheint hier einen sehr komplizierten Zusammenhang zwischen dem Hormon Östrogen und der HIT zu geben. Nun stellt sich die Frage, ob es einen direkten Zusammenhang zwischen einer Milderung der Symptome bei Frauen mit HIT und einer Hormonersatztherapie geben könnte. Es wird aber den Wissenschaftlern obliegen, herauszufinden, ob dies wirklich stimmt. Um diese Phase mit weniger Schwierigkeiten zu überbrücken, kann bei Bedarf eine histaminarme Ernährungsweise sicherlich nicht schaden.

Kurz gesagt haben all diese physischen Prozesse, die es uns ermöglichen, Kinder zu bekommen, entweder einen Einfluss auf die Histaminwerte oder unsere DAO Produktion. Diese Kenntnis ist schon ein großer Vorteil. Zu wissen, was hier abläuft und warum es uns beeinträchtigt, kann uns helfen, eher eine Lösung zu finden als im Dunkeln zu tappen. Indem wir mit anderen Frauen, entweder persönlich oder vielleicht durch die Anonymität des Internets, reden, können wir auch bis zu einem gewissen Grad unsere Kenntnisse und Erkenntnisse aufbauen. Allein der Gedanke, dass es einige Frauen in dieser Welt gibt, die ihre Erlebnisse gerne mit anderen teilen wollen und dies zum Vorteil genützt werden kann, ist äußerst erfreulich. Wir sind nicht alleine.

Zusätzlich ist es aber unbedingt notwendig, mit dem behandelnden Arzt und dem Diätassistenten eine Strategie zu entwickeln, die eine eventuelle unnötige Meidung von histaminarmen Lebensmitteln über einen zu langen Zeitraum vermeidet. Einige Patienten haben z.B. nur eine temporäre, sekundäre HIT, die sich nach einiger Zeit wieder aus dem Staub macht.

Es ist unerlässlich, vom Gynäkologen abklären zu lassen, ob eine andere Ursache für die Symptome vorliegt.

Bis vor ein paar Jahren dachte ich selbst, dass ich mit meinen mysteriösen Symptomen alleine in dieser Welt wäre. Ich werde hier nur ein Beispiel von mehreren schmerzhaften Episoden in Zusammenhang mit starken Regelbeschwerden beschreiben. Seit meinem 13. Lebensjahr hatte ich immer dann heftige Regelbeschwerden, wenn ich nicht gerade ein Hormonpräparat namens „die Pille" nahm. Das begann bereits mit dem ersten Tag meiner Menstruation im Teenage-Alter. Die Schmerzen waren so intensiv, dass ich nicht einmal zur Schule gehen konnte. Schon damals hatte ich sehr niedrigen Blutdruck und bekam ziemlich bald den Rat, es mit der Pille zu versuchen. Generell bin ich oft in meinem Leben in Ohnmacht gefallen, obwohl sich dieses leicht peinliche Phänomen, seitdem ich von der Histaminintoleranz weiß, auch komplett zurückgezogen hat.

In meinen frühen Zwanzigern wurde mir dann gesagt, dass ich die Pille nicht zu lange nehmen sollte. Also hörte ich mit leichter Skepsis im Hinterkopf damit auf. Im ersten Monat ging es halbwegs gut, obwohl es nicht gerade angenehm war. Aber etwa einen weiteren Monat später, beim zweiten Zyklus, fühlte ich mich eines Morgens, zugegebenerweise nach einer durchzechten langen Nacht, schrecklich schlecht. Ich bekam starke Rückenschmerzen, Bauchweh, meine Oberschenkel wurden schmerzhaft und schwer. Ich konnte gar nicht klar denken, mir war kalt, dann kam ein Schüttelfrost dazu, dann wurde mir schrecklich heiß, und ich musste mich übergeben... den hässlichen Rest lassen wir einfach einmal aus. Irgendwie kam ich auf die Idee, ein warmes Bad könnte meinem Bauch etwas Entspannung bringen. Trotzdem wurde es nur ärger. Ich war leider alleine in der Wohnung und konnte mir nicht helfen. Ich kann mich nur noch daran erinnern, dass ich aus dem Bad krabbelte, aber zu diesem Zeitpunkt kam ich dann gar nicht mehr auf die Beine. Mein Kreislauf hatte sich bereits verabschiedet. So blieb ich liegen, irgendwo im Flur, bis meine Mutter zur Tür hereinkam.

Sie rief die Ambulanz, die mich ins Krankenhaus brachte. Ganz schwach kann ich mich daran erinnern, dass mich jemand fragte, ob ich Drogen genommen hätte. Ich sagte, ich war letzte Nacht fort, hätte aber keine Drogen genommen - nur Alkohol und Zigaretten. Ich hatte solche Schmerzen, dass ich nur noch um ein Schmerzmittel flehte, irgendetwas, damit das aufhört. Sie steckten eine Nadel in meinen Arm und verabreichten mir eine Portion Valium. Dann gab ich Ruhe und schlief alsbald ein. Meine Mutter erzählte mir später, dass eine Krankenschwester mir in forschem Ton gesagt hätte, ich solle nicht so einen Aufstand machen, weil sie nichts finden konnten, was mit mir nicht in Ordnung wäre. Sie behielten mich einen Tag lang unter Aufsicht. Bis dahin ging es mir auch wieder absolut gut, als ob nie etwas gewesen wäre.

Viele Frauen lagen auf dieser Krankenstation. Manche hatten ihre Babies verloren, manche hatten Krebs, manche hatten gerade erst eine Brustamputation hinter sich. In dieser kurzen Zeit lernte ich einiges darüber, was Frauen alles haben können. Auf einmal wurde mir dieser Vorfall äußerst unangenehm. Ich hatte nichts, sie fanden nichts, und ich hatte einen unheimlichen Aufstand gemacht, während andere kurz davor standen zu sterben. Nachher ging ich nie wieder wegen Regelschmerzen in ein Krankenhaus. Ich nahm einfach wieder die Pille.

7. Wie finde ich heraus, was ich essen kann?

Erst dann, wenn Sie sich besser fühlen, werden sie herausfinden können, was Ihr Körper tolerieren kann. Bevor Sie hier durchstarten, brauchen Sie eine Diagnose und sollten mit einem Diätassistenten über Ihre individuelle Situation unter Berücksichtigung anderer Nahrungsmitteunverträglichkeiten oder Allergien sprechen.

Das System neu starten mit der Karenzphase

Das Ziel einer Karenzphase ist, Nahrungsmittel mit hohen Mengen an Histaminen und anderen biogenen Aminen und auch Histaminliberatoren und DAO-Blocker zu meiden – in Kapitel 20 finden Sie zwei Listen, die aus verschiedenen Ansichtspunkt erstellt wurden: eine wissenschaftliche basierende Liste und eine zweite aus einer großen Umfrage mit über 800 Teilnehmern. Diese Diät sollte man bis zu vier Wochen einhalten. Während dieses Zeitraums sollten sich die Symptome deutlich verringern. Hier muss auch berücksichtigt werden, dass die Diaminoxidase (DAO) durch die Einflüsse von verschiedenen Medikamenten beeinträchtigt (oder auch unterdrückt) werden kann. Stellen Sie deshalb sicher, dass Sie diese Medikamente während der Karenzphase wenn möglich meiden. Das sollte unbedingt vorher mit dem zuständigen Arzt abgesprochen werden (siehe auch das Kapitel über Medikamente).

Allerspätestens nach vier Wochen der Meidung von histaminreichen Nahrungsmitteln sollten Sie eine signifikante Besserung ihres Gesundheitszustandes verspüren. Nach einer sicheren HIT-Diagnose ist es wichtig, den Ernährungsplan so lange einzuhalten, bis sich das körperliche System wieder stabilisiert hat. Erst dann ist es ratsam, die nächste Phase anzugehen. Wenn sich Ihr System in dieser Zeit nicht stabilisiert hat, oder sich keine deutliche Besserung zeigt, sollten Sie weiter überprüfen, ob noch andere zusätzliche Gesundheitsprobleme bestehen.

Die Höhen und die Tiefen der Testzeit

Als nächstes kommt die Testphase. Es macht wenig Spaß und Sinn, sich nur an das Minimum der Nahrungsmittelauswahl zu halten, und es ist auch schade, wenn man Lebensmittel auslässt, die man ganz gut vertragen könnte – nur weil man sie nie ausprobiert hat. Wenn sich Ihre DAO-Werte oder die Aktivität wieder verbessert, weil zum Beispiel die DAO nicht mehr unterdrückt wird oder das Verdauungssystem zur Ruhe kommen konnte und sich etwas erholt hat, sollte das auch bedeuten, dass Ihre Toleranzgrenze langsam ansteigen kann und es somit möglich ist, wieder histaminreichere Nahrungsmittel zu essen. Versuchen Sie nun, in den histaminarmen Ernährungsplan, welchen Sie bis zu diesem Zeitpunkt ausgearbeitet haben, eine nicht zu große Portion eines neuen Nahrungsmittels einzubauen. Wenn die Symptome wieder auftauchen, versuchen Sie, die Menge zu reduzieren, oder nehmen sie es bis auf weiteres wieder aus dem Plan heraus, um es dann in einem späteren Stadium noch einmal auszuprobieren.

Den Ernährungsplan Schritt für Schritt ausbauen

In der Testphase braucht man viel Disziplin und Geduld. Wenn ein gerade neu beigefügtes Nahrungsmittel nicht gut vertragen wurde, sollte man warten, bis sich die Symptome gelegt haben, bevor man es mit einem anderen neuen Nahrungsmittel versucht. Ein bereits gereiztes System wird auf eine weitere Provokation nicht unbedingt wohlgesinnt reagieren.

Besonders am Anfang ist es auch wichtig, im Hinterkopf zu behalten, dass die Einführung einer Kombination von mehreren histaminreicheren Nahrungsmitteln die Wahrscheinlichkeit einer Rückkehr der Symptome erhöht. Das ist von der individuellen Toleranzgrenze und dem Genesungsprozess abhängig.

Als ich anfing, histaminreichere Speisen zu meiden, befand ich mich in einem so schlechten Zustand, dass ich für jede Art von Verbesserung, egal wie, dankbar war. Es war schwierig, das Konzept zu verstehen und zu akzeptieren, nicht mehr das essen zu können, was ich so gerne mochte – zumindest für eine Weile. Immerhin wurde mir schnell klar, dass ich mich vor meiner „Entdeckung" der HIT systematisch durch alle Komponenten durchgegessen habe, die auf der „Zu meiden"-Liste in der Karenzphase standen. Das waren Rohwürste jeder Art, alle älteren Käse, Tomaten, Spinat, und Brot mindestens zweimal am Tag. Je würziger, desto besser. Manchmal denke ich noch etwas nostalgisch an dieses andere Leben zurück, träum schon fast davon, wie lecker alles war, und zur gleichen Zeit weiß ich, dass ich eigentlich alles nur romantisiere. Und wenn wir schon beim Thema sind, sollten wir uns daran erinnern, dass unter normalen Umständen die meisten dieser Lebensmittel nicht schlecht für einen sind.

So ging ich in alle Lebensmittelläden und hielt mich an die Liste, die mir sagte, was ich meiden sollte und was andererseits histaminarm ist. Damals dachte ich noch nicht daran, einen Diätassistenten um Hilfe zu bitten. Alles war verworren und schien undurchschaubar. Hätte ich zu jener Zeit schon mit einem Diätassistenten gesprochen, wäre der Anfang um einiges leichter gewesen. Wie dem auch sei, ich versuchte, so viel wie möglich meinen gesunden Menschenverstand einzusetzen. In meinem Fall dauerte es etwa 6 Wochen, bis sich mein System erheblich erholt hatte, und erst dann fing ich an, mir einzugestehen, dass das Ganze eigentlich sehr gut für mich ist. Ab jetzt war ich fest entschlossen, das Beste aus der Situation zu machen - ohne mich deprimieren zu lassen. Und es hat sich ausgezahlt!

Diese holprige Reise hatte jedoch auch Tiefpunkte. Ich erinnere mich gut an einen Besuch bei meinen Verwandten. Sie fragten mich, was ich essen darf. Sie hatten Tortellini mit Gorgonzolafüllung eingekauft. Die Sauce war der Verpackung beigefügt. Ich sagte, das sei in Ordnung, und es ginge mir ja sowieso schon viel besser. In Nahrungsmittelteil dieses Buches ist nachzulesen, warum das damals keine gute Idee war. Vielleicht war es Hoffnung, vielleicht aber auch eine Verweigerung, der derzeitigen Situation ins Auge zu sehen, oder auch einfach nur etwas Aufsässigkeit. Ich reagierte äußerst schlecht auf diese Mahlzeit. Innerhalb kurzer Zeit zeigten sich die Symptome im ärgsten Ausmaß, und ich landete ziemlich bald im Bett. Verzweiflung machte sich breit. Das Leben würde nie wieder so sein, wie es einmal war, dachte ich. Ich hatte aber einen Fehler gemacht, der gleichzeitig eine kleine Fügung war, ohne dass es mir gleich bewusst wurde. Der Fehler lag darin, dass ich eine der Speisen mit einem potentiell sehr hohen Histamingehalt gegessen hatte – ein Fertiggericht! Das Gute daran war, dass ich hier nun wirklich die Symptome der Histaminunverträglichkeit in Zukunft von anderen Unverträglichkeiten und gesundheitlichen Problemen unterscheiden konnte. Davor war alles nur ein großes Wirrwarr von Beschwerden mit nicht identifizierbaren Ursachen, die ich hatte. Jetzt konnte ich genau unterscheiden, was der Unterschied zwischen der Unverträglichkeit und dem Rest war.

Das Gesamtbild zusammenstellen

In meinem eigenen Fall sind die Symptome und auch die Zeitspanne bis zur Reaktion der HIT recht unterschiedlich von denen der Fruktosemalabsorption. Was sie jedoch gemeinsam haben, ist, dass sie beide auch Auswirkungen auf das Verdauungssystem haben. Als ich den H2 Test für Fruktoseintoleranz machte und die Diagnose positiv war, wusste ich ohne Zweifel ganz genau, wie sich die Symptome dieser Unverträglichkeit bei mir anfühlen. Die Reaktion findet innerhalb von ein bis zwei Stunden statt. In der oberen Bauchgegend fängt es erst zu blubbern an, ich werde bleiern Müde, und mit Sicherheit werde ich mich wenig später in Richtung Toilette bewegen. Der Geruch, den ich dann hinterlasse, würde jedem anderen sicherlich auch unangenehm sein. Er erinnert ein wenig an den etwas unerhörten „Duft", der mir immer entgegenkam, als ich als kleines Kind mit meinen Eltern an der Ölraffinerie in Richtung Flughafen vorbeifuhr... soviel zu diesem Thema... . Die Symptome der HIT tauchen viel später auf, manchmal erst am nächsten Tag. Sie haben keine Auswirkungen auf den oberen Bauchbereich, dafür fange ich zuerst schrecklich zu nießen an. Nur zur Erinnerung: Das ist mein persönliches Symptomprofil als Beispiel. Andere Patienten haben andere unterschiedliche Symptome, wie vorangehend beschrieben wurde.

In der Lage zu sein, das eine vom anderen zu unterscheiden, egal, ob es mit anderen Allergien oder auch Unverträglichkeiten zusammenhängt, kann ein großer Vorteil sein. Es hilft, das Durcheinander zu entwirren und somit das Selbstvertrauen zu steigern, die richtigen Nahrungsmittel besser individuell zu dosieren. Leider ist es nicht immer möglich, alles klar voneinander zu unterscheiden, aber es ist auf jeden Fall wert zu ermitteln, welche Übeltäter bestimmte Symptome auslösen.

Ein weiteres Beispiel, das sich immer wieder in meine Erinnerung zurückschleicht, hat sich bei meiner Mutter zu Hause begeben: Sie ließ immer wieder die Butter aus dem Kühlschrank draußen, und diese wurde dann mit dem Temperaturanstieg immer mehr Gelb um den Rand. Mutter wurde während des Krieges geboren und bestand schon immer darauf, dass das keinen umbringen wird - sie hatte das übrigens schon ihr Leben lang so gemacht. Wenn man die Butter in den Kühlschrank zurückstellt, meinte sie, dann wird die Butter ganz hart und lässt sich nicht schmieren, und das Stück Brot hat dann am Ende nur noch Löcher, weil man es mit der Butter zerreißt. Es ist ja nicht so, dass ich ihre Argumentation nicht verstand, aber ich bestand trotzdem darauf, dass ich das nicht mag. Ich würde einfach die Butter nicht mehr anrühren, sie ablehnen ... lieber gleich den Toast ohne essen. Es ist nur einer der vielen „Ticks", die sich bei mir über die Jahre so entwickelt haben. Jetzt, wo wir wissen, was los ist, und dass sich Histamin bei höheren Temperaturen schneller anreichert, hat meine Mutter angefangen, die Butter um meinetwillen in den Kühlschrank zurückzustellen. Mutter hat schon immer alles getan, damit es mir besser geht, genauso wie der Rest der Familie.

Heutzutage halte ich mich an die Liste mit den Änderungen, die ich über die Zeit entwickeln konnte. Ich habe mich mittlerweile daran gewöhnt, man mag es kaum glauben, und wenn ich mich richtig gut und abenteuerlich fühle, dann probiere ich noch mehr aus. Das führt oft zu äußerst angenehmen Überraschungen, hin und wieder auch zu kleinen Enttäuschungen. Ich habe gelernt, auf meinen Körper zu hören. Wenn es drinnen rumpelt, dann lasse ich das Nahrungsmittel aus und versuche es zu einem späteren Zeitpunkt wieder. Meistens mache ich das am Wochenende. Wenn es nämlich nicht funktioniert, ist der nächste Tag normalerweise etwas durcheinander. Dann kann ich wenigstens das Wochenende dafür verwenden, um mich mit etwas Schlaf wieder zu erholen.

8. Was sollte ich zu Hause beachten?

Der Grund, warum man - besonders am Anfang der Karenzphase - die Küche wirklich ordentlich und sauber halten soll, ist folgender:

Histamin bildet sich aus einer Aminosäure namens Histidin, und dieses ist wiederum in vielen tierischen und pflanzlichen Nahrungsmitteln enthalten. Die Nahrungsmittel die in die Küche transportiert werden, tragen bereits bestimmte Mengen an Histamin, anderen biogenen Aminen, und Histidin in sich.

Es wird Ihnen nicht möglich sein, das Histamin, das bereits im Nahrungsmittel ist, zu entfernen. Histamin kann nicht durch normale Kochmethoden, wie zum Beispiel durch Einfrieren, Kochen, Braten, Backen oder erhitzen in der Mikrowelle, zerstört oder entfernt werden, weil es hitzestabil ist. Histamin kann man auch nicht riechen – es ist geruchlos. Wenn ein Nahrungsmittel generell verdirbt, dann kann man das ab einem gewissen Zeitpunkt als Konsequenz verschiedener Abläufe schon riechen, zum Beispiel bekanntlich bei verdorbenem Fisch. Unter anderem wird bis dahin der Histaminwert bereits so aus den Fugen geraten sein, dass dies sogar eine gesunde Person nicht verträgt.

Das Histidin kann man mit so etwas ähnlichem wie einem Vorfahren des Histamin vergleichen. Nahrungsmittel wie verschiedene Käse, Rohwürste wie Salami, Bier, Wein und Essig werden mit Hilfe von zugesetzten Mikroorganismen produziert. Diese Methode dient dazu, dem Produkt einen bestimmten Geschmack zu verleihen. Während dieses Verfahrens durchläuft das Produkt einen beabsichtigten Gärungsprozess, bei dem das Histidin in einem chemischen Umwandlungsprozess namens Decarboxylierungsreaktion auch in Histamin umgewandelt wird. Für die meisten Konsumenten stellt das kein Problem dar – für uns Histaminintolerante ist das eher nicht so gut.

Dieser Verlauf der „Decarboxylierung" findet auch in Nahrungsmitteln bei uns zu Hause statt. Das Kühlen oder Einfrieren von Produkten wird diesen Prozess sehr verlangsamen, aber nicht komplett stoppen können.

Hygiene

Eines der besten Mittel um die Entstehung von Histamin in Nahrungsmitteln zu verlangsamen ist indem man die Küche sauber und die Nahrungsmittel frisch hält. Diese sollten so bald wie möglich aufgebraucht werden, statt sie längere Zeit irgendwo liegen zu lassen. Man sollte sie entweder gleich einkühlen oder auch einfrieren. Möglicherweise werden Sie, zumindest anfangs, öfters während der Woche einkaufen gehen müssen. Je frischer die Nahrungsmittel sind, desto besser.

Für einen ordentlichen Neustart fangen Sie einfach damit an, alles von Ihrer Arbeitsfläche in der Küche wegzuräumen. Machen Sie alles sauber und halten Sie den Standard. Machen Sie es sich zur Angewohnheit, nach dem Kochen die gerade verwendeten Arbeitsflächen zu säubern. Schmutzige, nasse Putzlappen, Schwämme und Geschirrtücher sind eine wunderbare Spielwiese für Bakterien! Reinigen und trocknen Sie diese regelmäßig. Somit wird die Verteilung von Bakterien auf den Arbeitsflächen, und im weiteren Verlauf eine schnellere Entwicklung der Histaminwerte in Nahrungsmitteln, reduziert.

Auch der Kühlschrank sollte sauber gehalten werden. Wenn diese Orte schmutzig sind und die Nahrungsmittel mit kontaminierten Flächen in Berührung kommen, wird auch hier der Verderb beschleunigt, und das passiert manchmal überraschend schnell.

Abgelaufen – und gleich raus geworfen

Manche von uns neigen dazu, Produkte, die bereits abgelaufen, sind noch länger im Küchenschrank aufzubewahren. Hier kann man mit dem Neustart in der Küche so richtig zur Sache gehen. Nehmen Sie alles heraus und überprüfen Sie überall das Ablaufdatum. Schmeißen Sie raus, was die Frist überschritten hat. Wenn Sie ähnliche Produkte wie Marmeladen aufgemacht haben, geben Sie diese in den Kühlschrank statt in den Küchenschrank. Hier sollte betont werden, dass gesunde Menschen normalerweise keinen Schaden darin nehmen, ein Marmeladenglas eine Zeit lang wieder in einen Schrank bei Raumtemperatur zurückzustellen. Bei der Diagnose HIT sollten Sie, bis auf weiteres, in Ihrem eigenen Interesse von dieser Angewohnheit Abstand nehmen.

Kochen

Früher habe ich nach einem langen Arbeitstag gekocht, gegessen, mich dann einfach zurückgelehnt und alles in der Küche stehen gelassen. Wenn noch etwas übrig war, kam einfach der Topfdeckel oben drauf. Ich ließ es auf dem kalten Herd stehen und dachte mir nichts dabei, das Essen am nächsten Tag einfach wieder aufzuwärmen, wenn mir etwas Neues zu kochen gerade zu anstrengend war. Was habe ich geändert? Einiges. Heutzutage koche ich nach Maß. Ich rühre das Essen auch nicht mehr an, wenn es über Nacht, selten aber doch, nicht in den Kühlschrank gewandert sein sollte (jemand anderer wird es sicherlich ganz gut vertragen und verspeisen).

Einfrieren

Eine weitere Alternative hierzu ist, den Rest des Essens in Gefrierbeutel zu füllen, diese luftdicht zu verschließen und gleich nach dem Abkühlen in das Gefrierfach zu legen. Das ist auch keine schlechte Methode, für den Rest der Woche vorzukochen, für den Tag, an dem man sich spätabends nicht mehr zum Kochen aufraffen kann. Lassen Sie diese vorgekochten Speisen aber nicht zu lange im Gefrierfach, da sich auch hier der Alterungsprozess nur schwer verlangsamt und nicht komplett zum Stillstand gebracht wird. Beschriften Sie die Verpackung mit dem Datum, auch wenn das mühsam ist. Wenn Sie nach einiger Zeit eine Mahlzeit herausnehmen und keine Ahnung mehr haben, wann dieses Essen eigentlich hergestellt wurde, sollten Sie es nicht mehr verzehren. Ein Wort der Warnung: Manche Patienten haben so eine niedrige Toleranzgrenze, dass sie keine aufgewärmten Speisen vertragen. Nahrungsmittel, die dafür bekannt sind, mit zunehmender Geschwindigkeit einen höheren Histaminwert zu entwickeln, wie zum Beispiel Hackfleisch oder Fisch, sollten grundsätzlich nicht mehr aufgewärmt werden.

Der Kühlschrank

Der Kühlschrank wird der wichtigste Ort und kurzeitige Schutz vor einer beschleunigten Histaminentwicklung in Ihren Nahrungsmitteln sein. Wenn Sie etwas aus dem Kühlschrank zur Verwendung herausnehmen, dann stellen Sie es gleich nachher wieder hinein, wenn sie es nicht mehr brauchen. Produkte wie Milch, Hackfleisch und Fisch werden bei warmen Temperaturen sehr schnell schlecht (siehe auch die Kapitel über Milch, Fleisch und Fisch). Histaminwerte können in diesem Fall in für Sie unangenehme Höhen schnellen. Deckel sollten wieder fest zugeschraubt werden. Früher habe ich immer Käsepackungen und Schnittwurst wieder offen in den Kühlschrank gesteckt. Jetzt nehme ich etwas Folie und wickle sie um die offene Packung. Ich esse auch normalerweise zuerst das auf, was bereits im Kühlschrank ist, bevor ich etwas Neues einkaufe. Somit kann ich garantiert nicht vergessen, wie alt etwas ist, und damit riskieren, mir eine Histaminbombe zuzuführen.

9. Wie kann ich den Haussegen wahren?

Für eine Familie mit mehr als zwei Personen zu kochen kann auch zu den besten aller Zeiten eine Herausforderung sein. Wir machen alle unsere Phasen durch, wo sich die Inspiration in Grenzen hält und wir entweder nach den Kochbüchern im Bücherregal greifen oder versuchen, uns Anregungen aus den Kochbuchabteilungen diverser Bücherläden oder aus dem Internet zu holen. Es ist oft die Aufgabe einer einzelnen Person, des „Küchenchefs" des Haushalts, ein annehmbares Gericht auf den Tisch zu stellen. Supermärkte bieten heutzutage ein breites Angebot an Fertiggerichten und Schnelllösungen an, und wenn uns wirklich nicht nach Kochen zumute ist, können wir kurz ums Eck huschen und etwas von einer Imbissbude holen.

Bereits eine einzelne Person mit einer Nahrungsmittelunverträg-lichkeit wird natürlich zu einer drastischen Änderung dieser be-quemen Routine führen. Die ersten paar Einkaufstouren wirken plötzlich etwas entmutigend und deprimierend, außer wenn man mit einer Liste oder einem vorher ausgesuchtem Rezept in der Hand einkaufen geht. Mit der Zeit jedoch werden Ihr Selbstvertrau-en und auch das Wissen in Zusammenhang mit den Produkten, die Sie gut vertragen, wachsen. Es kommt sogar noch besser: Ihre bes-ten Freunde und Verbündete werden frische Zutaten sein. Dadurch werden Sie und Ihre Familie sich automatisch gesünder ernähren und Ihrem Körper viel weniger ungesunde Konservierungsstoffe zuführen.

Zu Hause werden Sie natürlich die neue Ernährungsweise mit dem Rest der Familie teilen wollen. Einige werden verständnisvoll mit-machen, bei anderen wird man auf Ablehnung stoßen. Warum soll-ten andere Familienmitglieder aufhören, Tomaten zu essen, weil einer sie nicht essen darf? Weil es ihnen gegenüber nicht fair wäre. Es gibt aber einen Ausweg. Es mag vielleicht nicht immer der ein-fachste Pfad sein, den man entlangschreiten kann, aber es ist nötig. Der „Familienzusammenhalt" ist in der Theorie ein wunderbares Bild, aber dieses kann sehr schnell schief hängen, wenn jemand den

Eindruck bekommt, dass er seine allerliebsten Imbissgerichte nicht mehr in Ruhe konsumieren kann. Hier kann man seine eigene kleine PR-Kampagne starten und dem direkten Umfeld etwas Wissen zufließen lassen.

Als erstes kann es sehr hilfreich sein, alle in einem ruhigen Moment zusammenzusetzen und zu erklären, was man hat und warum es einen so krank macht. Erzählen Sie einfach drauf los. Lassen Sie die anderen wissen, was Sie schon essen und trinken dürfen, und auch, was nicht und weshalb das nicht geht. Erzählen Sie von den Änderungen, die bei Ihnen persönlich zumindest einmal für eine Weile anstehen, und betonen Sie auch die positiven Aspekte. Am positivsten wird hoffentlich sein, dass Sie nach einiger Zeit nicht mehr die kranke und launische Person sind, die Sie einmal waren, und auch Ihre Vitalität wieder etwas zurückerobern. Wenn alles gut geht, dann sollten Sie in Zukunft wieder etwas normaler essen können, je nachdem, wie weit Sie Fortschritte machen konnten.

Das Kochen kann eine sehr gesellige Erfahrung sein, wenn man es sich selbst so einrichtet. Es macht Spaß, andere einzubeziehen, wenn man ihnen nicht das Gefühl gibt, unter Druck zu stehen. Es kann auch sein, dass die anderen nicht immer mitmachen wollen, aber das sollte ebenso in Ordnung sein. Geben Sie ihnen die Wahlfreiheit. Wenn andere Familienmitglieder sich etwas von auswärts holen wollen, dann lassen Sie es einfach zu, ohne ihnen das Gefühl zu geben, dass sie gerade etwas verbrochen haben. Das nimmt unheimlich viel Druck weg. Wenn der Rest der Familie etwas anderes essen will, dann können diese ihr eigenes Essen zubereiten, während Sie Ihres zubereiten. Sie könnten, nur als Anregung, einen Teil des Essens für alle zubereiten, und die anderen können nach Belieben noch etwas Eigenes zubereiten, was diese zusätzlich essen wollen, auch wenn Sie es selbst zu diesem Zeitpunkt nicht essen sollten. Lassen Sie die anderen beim Abschmecken der Mahlzeit teilhaben und fragen Sie, was man verbessern könnte, wenn überhaupt. Neue Variationen von Speisen zu kreieren, ob im Kreise der Familie oder zusammen mit Freunden, kann unheimlich viel Spaß machen und auch sehr inspirierend sein. Ihr Umkreis kann ihre neuesten Kreationen sehen, und wer weiß, vielleicht werden die anderen sich irgendwann für die frisch gekochte Mahlzeit entscheiden, weil sie viel besser schmeckt und aussieht, und langsam oder zumindest teilweise das Interesse an Fertiggerichten und Fastfood verlieren.

Befestigen Sie die Liste auf dem Kühlschrank. Das kann Interesse erzeugen, weil Sie die Liste sowieso am Anfang immer wieder studieren, und andere Familienmitglieder können auch nachlesen, wenn sie das wollen. Lassen Sie die anderen teilhaben, ohne sie zu belästigen, und flößen Sie ihnen keine Schuldgefühle ein. Geben Sie ihnen das Gefühl, dass Sie Ihre neue Situation akzeptieren, auch wenn das anfangs nicht leicht sein wird, und dass Sie nicht das Gefühl haben, ein Ausgestoßener im eigenen Heim zu sein.

Bei größeren Portionen können Sie diese für sich selbst – wenn Ihre Toleranzgrenze nach der Karenzphase hoch genug sein sollte – oder auch für andere Familienmitglieder einfrieren. Das hilft an besonders stressigen Tagen, Zeit zu sparen. Das luftdichte Einfrieren in Gefrierbehältern eignet sich ganz gut dazu. Das sollte man so bald wie möglich machen und sicherlich nicht am nächsten Tag, wenn alles ewig lange draußen gestanden hat. Um den höchstmöglichen Nährstoffwert und besten Geschmack aus den Zutaten herauszuholen, werden Sie jedoch mit der Zubereitung von Mahlzeiten aus frischen Nahrungsmitteln um einiges besser abschneiden.

10. Was muss ich in der Arbeit beachten?

Zuerst die gute Nachricht: Sie können, nachdem Sie das Schlimmste überstanden haben, wieder arbeiten gehen. Die schlechte Nachricht: Sie müssen ein paar alte Gewohnheiten ablegen. Angewohnheiten sind schwer zu ändern, und da es sich hier nicht nur um einen guten Vorsatz für das neue Jahr handelt, wird der Körper für diese Änderung unheimlich dankbar sein. Es ist anfangs zwar sehr mühsam, aber jemand mit HIT kann es nicht umgehen, also fangen Sie gleich damit an.

Eine erstrebenswerte Lösung wäre, in der Früh kräftig zu frühstücken. Somit beliefern Sie Ihren Körper mit viel Energie für den restlichen Tag. Werfen Sie einen Blick auf die Rezepte im Anhang und adaptieren Sie diese nach eigenem Geschmack und mit Rücksicht auf andere Erkrankungen oder Unverträglichkeiten. Viele Leute essen gerne diverse Kleinigkeiten in der Arbeit. Die Schokolade und die Chips kann man nach Belieben auch mit Früchten, die man verträgt, austauschen. Ich weiß, dass es nicht das Gleiche ist, aber es bringt einen über die Runden. Ansonsten, wenn es kein Geschäft gleich in der Nähe gibt, kann man sich zur Not auch ein Joghurt mit oder ohne Früchte zu Hause einfrieren und mit zum Arbeitsplatz nehmen. Bis der Hunger kommt, sollte es aufgetaut sein.

Das Mittagessen wird wahrscheinlich die größte Hürde in dieser Neugestaltung Ihrer Gewohnheiten sein. Wenn es eine Kantine gibt, dann könnten Sie Glück haben ... hin und wieder. In vielen Kantinen gleicht die Auswahl der Speisen einem Lotteriespiel, und das kann sehr aufreibend für den Betroffenen sein. Sollten Sie sich entscheiden, dort zu essen, dann meiden Sie am besten Speisen mit Hackfleisch, Würstchen und Fischprodukten. Diese verderben recht schnell. Es wird Ihnen leider nicht möglich sein, herauszufinden oder zu erfragen, wie lange die Produkte gelagert waren oder wo sie – im Kühlraum oder außerhalb - gelagert waren, auch nicht bei welcher Temperatur. Speisen mit Saucen können extra Zutaten wie Tomaten, Glutamat oder andere unerwünschte Zusatzstoffe enthalten. Somit ist der beste Schutz, sich von den Saucen während des Arbeitstages fernzuhalten. Bei Salaten kann man zumindest nachfragen, ob man diese ohne Dressing gereicht bekommen kann, und sich dann selbst etwas Olivenöl darüber träufelt. Milchprodukte können noch so ein Hindernis sein, an das man oft nicht gleich denkt. Auch hier stellt sich die Frage: Wie lange waren sie bereits gelagert und wo? Wenn Milch längere Zeit in einer sehr warmen und betriebsamen Küche in der Nähe von Herdplatten steht, mag das für den normalen Konsumenten bis zu einem gewissen Punkt ein geringeres Problem sein, HIT Betroffene werden aber mit dem Histaminanstieg ohne Konsequenz von Symptomen nicht fertig werden. Viele Großküchen mögen zwar sehr sauber und gut organisiert sein, aber wenn täglich hunderte oder sogar tausend Mahlzeiten serviert werden, wie das der Autor Thilo Schleip so treffend beschreibt, dann ist es unausweichlich, dass dies einen Effekt auf die Mahlzeiten hat, welche am Mittagstisch landen. Wenn ein Teller mit einem Gericht, das Sie essen wollen, so aussieht, als hätte es schon längere Zeit herumgestanden, dann sollten Sie es einfach nicht anrühren. Es lohnt sich, auf die nächste Ladung zu warten, die aus der Küche kommt, auch wenn der Hunger nagt. Die Geduld ist eine Tugend, und als Belohnung werden Sie hoffentlich Ihren restlichen Arbeitstag ohne Zwischenfall über die Runden bringen.

Viele haben die Wahl, vom Arbeitsplatz aus in ein Geschäft zu laufen und dort ein belegtes Brötchen oder einen Salat zu holen. Es gibt hier einige Möglichkeiten, sich etwas Frisches zu besorgen, aber auch hier kann man in ein paar Fallen treten. Die Frage, die man sich immer stellen sollte, ist, ob zum Beispiel ein belegtes Brötchen schon länger herumliegt. Wenn es schwitzig aussieht, dann sollte man es lieber lassen. Am besten ein neues machen lassen und die Verkäuferin darum bitten, das Brötchen ohne Tomate zuzubereiten. Während der Karenzphase sollte man vorübergehend lieber die Finger von diesen Möglichkeiten lassen.

Was ist die Alternative? Klarerweise nicht zu Hause zu bleiben und sich davon runterkriegen zu lassen. Wie wär's damit, sich in der Früh eine kalte Speise zu Hause herzurichten und sie dann in die

Arbeit mitzunehmen? Wenn es in der Arbeit einen Kühlschrank gibt, kann man sie gleich hineinstellen und vorher noch schnell den Namen draufschreiben - nur zur Sicherheit, damit nicht jemand anderer sich einfach Ihr Essen nimmt. Es gibt hefefreie Kekse, und manche Bäckereien machen zum Beispiel auch Dinkelbrot ohne Hefezusatz. Das Brötchen in der Arbeit zusammenstellen - das füllt den Magen zwischendurch. Frisches Obst in kleinen Portionen ist auch keine schlechte Lösung. Wenn Sie dann nach Hause kommen, können Sie sich eine warme, frisch zubereitete Mahlzeit kochen.

11. Was sollte ich beim Einkaufen beachten?

In den nächsten Kapiteln wird detaillierter besprochen, was man bei Histaminintoleranz machen kann und was man eher meiden sollte. Aber zuerst würde ich gerne ein paar allgemeine Punkte ansprechen die helfen können, den Gang durch den Supermarkt unbeschadet zu überstehen, ohne sich dabei die Haare auszuraufen.

Fertiggerichte

Die verschiedenen Gründe, warum es besser ist, sich generell von Fertiggerichten fernzuhalten, sind folgende:

Fertiggerichte werden immer aus verschiedenen Zutaten hergestellt – schauen Sie sich nur einmal die Lebensmittelkennzeichnungen an, es ist ziemlich verblüffend. Manchmal fragt man sich, ob da überhaupt etwas Natürliches drinnen ist!

Nehmen wir zum Beispiel ein Dinkelnudelgericht mit Käsesauce und - sagen wir einfach einmal Schinken um der Erklärung des Prinzips willen - her. Auf den ersten Blick sieht es ganz danach aus, als ob man das Gericht einfach mitnehmen kann. Aber Halt! Schauen wir uns das einmal näher an. Stellen wir uns einfach vor, in einer Fabrik zu sein, wo diese Fertiggerichte hergestellt werden. Das Fabrikgelände glänzt vor lauter Sauberkeit, so wie man es sich wünscht. Alle Mitarbeiter tragen ihre Haarnetze und Schutzhandschuhe. Also ist das alles kein Thema. Stellen wir uns vor, dass wir an einem Ort sind, der den höchstmöglich existierenden Standard im Bezug auf Hygiene und Qualität einhält.

Dinkelnudeln sollten für jemanden mit HIT normalerweise überhaupt kein Problem darstellen. Wenn die Nudeln gekocht sind, werden sie ziemlich schnell mit der Sauce zusammengemischt. Wir haben aber keine Ahnung, wie lange die Nudeln darauf warten, bis sie mit der guten Sauce vermischt werden. Das ist die potentielle Histamin-Zeitbombe Nummer eins.

Dann ist da die Käsesauce. Hier werden Sie sich einige Fragen stellen müssen. Als erstes: Was für ein Käse ist es, und ist es einer, den man meiden sollte? Wie lange war der Käse außerhalb der Kühlkette, bevor er mit den restlichen Zutaten der Sauce vermischt wurde? Wie lange dauerte es, bis die fertige Sauce mit den Nudeln vermischt wurde? Das ist die potentielle Histamin-Zeitbombe Nummer zwei.

Nehmen wir uns nun die potentielle Histamin-Zeitbombe Nummer drei vor: den Schinken. Zuerst muss man bedenken, was für ein Schinken es ist. Ist es Kochschinken? Oder ist es ein Schinken, der längere Zeit gepökelt oder geräuchert und deshalb länger behandelt wurde, um ihm einen guten Geschmack zu verleihen? Bedenken Sie immer, dass gepökelte und geräucherte Wurst automatisch höhere Histaminmengen hat als Kochschinken. Erneut stellt sich die Frage, wo und wie lange das Produkt gelagert wurde und welche Temperaturen herrschten, als der Schinken vom Hersteller geliefert wurde. In der Annahme, dass die Fabrik die normalen hygienischen Standards befolgt, sind diese Fragen für jemanden mit normaler Diaminoxidaseaktivität nicht relevant. Die gleichen Fragen sind aber für Sie von entscheidender Wichtigkeit.

Nur kurz: Eine Überprüfung der Lebensmittelkennzeichnung, wenn sie zur Verfügung steht – da man diese manchmal von Mitarbeitern des Geschäftes erfragen muss – wird Sie darüber informieren, ob in dem Fertiggericht die potentielle Histamin-Zeitbombe Nummer vier, nämlich unerwünschte histaminfreisetzende Zusatzstoffe, zum Beispiel Glutamat oder Soja, versteckt ist.

Es endet jedoch auch nicht hier. Die potentielle Histamin-Zeitbombe Nummer fünf könnte sich in der Lagerung des fertigen Produktes vor dem Ausliefern der Großlieferung befinden. Hier bewegt sich das Ganze aus dem Kontrollbereich des Herstellers hinaus. Die Produkte werden von der Küche in einen Kühlwagen gebracht, vom Kühlwagen in den Supermarkt und dann noch vom Lagerraum des Supermarktes in die gekühlten Verkaufsregale. Das kann für so eine Art von Produkt ein sehr langer Weg werden. Jede kleine Unterbrechung im Transport und in der Temperaturkette kann eine Schwankung auslösen, die Ihnen den Tag ruinieren könnte.

Die Nummer sechs liegt in der Antwort zur Frage, wie lange das Fertiggericht bereits im Verkaufsregal verweilt. Besonders dann, wenn das Produkt bereits angefangen hat, einen leicht trocken aussehenden Film über die Sauce zu ziehen, werden Sie wissen, das Histamine und andere biogene Amine ein richtig schönes Multiplikationsfest feiern, um dann Ihre Diaminoxidase zu stürmen.

Sollten zusätzlich noch die hygienischen Standards nicht auf dem neuesten Stand sein, können Bakterien zur Beschleunigung der Entstehung von Histamin beitragen. Alleine deshalb haben Sie da schon verloren. Wenn alles gut geht, werden nur ein paar von diesen Faktoren eine Rolle spielen, aber wenn all diese potentiellen Histaminbomben zusammenkommen, ist es möglich, dass bei Ihnen die Symptome nur so schallen. Der Schlüssel zur besten Lösung ist, die Situation zu entschärfen. Es ist wahrscheinlich eine bessere Idee, eine Mahlzeit zu Hause herzurichten oder eine andere Art von Zwischenmahlzeit zu wählen.

Dosen und Konserven

Die meisten Produkte in Dosen und Konserven sind ungeeignet. Sie sind oft mit etlichen Zusatzstoffen und Essig angereichert und können wegen der langen Lagerung hohe Histaminwerte erreichen.

Planung der Einkaufstouren

Bewaffnen Sie sich mit einer Einkaufsliste. Die ersten paar Male werden Sie sich ziemlich sicher etwas überfordert und leicht entmutigt fühlen. Alle, die sich zum ersten Mal mit einer Umstellung wegen einer Unverträglichkeit befassen müssen, machen diese Erfahrung. Es gibt tausende Produkte, und alleine schon in einem der vielen Gänge im Supermarkt die Kennzeichnungen von Lebensmitteln durchzulesen, wird den Suchenden schnell in einen Zustand von Erschöpfung und ausgetrockneten Pupillen versetzen.

Deshalb ist die beste Strategie, dass Sie schon zu Hause planen, was Sie kochen werden. Schreiben Sie sich eine Liste auf und halten Sie sich daran, frische Produkte im Ganzen zu kaufen, ohne Zusatz, ohne gar nichts. Wenn Sie gezielt im Markt alle Lebensmittel geholt haben, die auf der Liste stehen, und nur dann, wenn Ihnen wirklich danach ist, nehmen Sie sich die Zeit, andere Artikel anzuschauen, bei denen Sie sich gefragt haben, ob es da etwas für Sie gibt. Ich nenne das meine kurzen, gezielten Entdeckungsreisen.

Eine weitere Hilfestellung ist, wenn man die große Liste der geeigneten und weniger geeigneten Nahrungsmittel mitnimmt. Sie können einen Ausdruck in kleinstmöglicher, noch lesbarer Schriftgröße leicht in die Geldbörse stecken und so für alle Fälle immer und überall parat haben. Das kann auch in Restaurants sehr nützlich sein, wenn Sie überprüfen wollen, ob Sie etwas Bestimmtes meiden sollten, statt sich auf reine Spekulation verlassen zu müssen.

Die Qualitätsfrage

Bei der Qualitätsfrage wird es auf das individuelle Geschäftslokal ankommen, egal, ob es ein Supermarkt oder ein Bioladen ist. Um den qualitativen Standard zu ermitteln, kann man sich am ehesten helfen, indem man als Erstes seine Beobachtungsgabe einsetzt. Geschäfte, die einen etwas schäbigen Eindruck machen, sollten bei Ihnen die Alarmglocken läuten lassen.

Ein kleines bisschen Recherche bezüglich der Geschäfte in Ihrer Gegend kann auch positive Resultate liefern und Geschäfte mit schlechterem Standard aufzeigen. Es gibt auch verschiedene Verbraucherschutz-Organisationen und öffentliche Institutionen, wo man nachforschen kann, ob es irgendwelche Unregelmäßigkeiten in Geschäften gegeben hat. Diese Organisationen publizieren auch oft ihre Resultate im Internet. Wenn ein Geschäft sehr betriebsam ist, sollte das einen schnelleren Umsatz von Produkten bedeuten und somit eine größere Wahrscheinlichkeit von frischen Lebensmitteln. Schauen Sie sich auch die Gefrierregale etwas genauer an und sehen Sie nach, ob Produkte über einer angemessenen Höhe aufgestapelt sind und ob Sie sehen können, was die Temperaturan-zeige angibt - wenn es eine gibt. Auch wenn Sie aus dem Gefrierfach zu dem Zeitpunkt nichts kaufen wollen, wird es Ihnen einen Hin-weis auf das Verhalten der Mitarbeiter und der Geschäftsführung geben. Erinnern Sie sich daran, dass Histamin geruchlos ist, wes-halb man es auf diese Weise nicht „erschnüffeln" kann.

Von Vorteil ist auch der Zugang zu einem Lebensmittellieferanten, der die erste Quelle in der Kette darstellt. Zum Beispiel ein Metzger, der seine Produkte direkt vom Schlachtaus aus der Umgebung ge-liefert bekommt und seine Quelle kennt. Seien Sie sich dessen be-wusst, dass Bioläden zwar gesunde Produkte aus dem biologischen Anbau haben, aber dass das keine Garantie dafür ist, dass diese histaminarm sind oder keine Zusatzstoffe beinhalten, die für Sie nicht geeignet sind. Sprechen Sie mit ihrem ortsansässigen Metzger und/oder mit dem Besitzer des Delikatessenladens über das, was Sie brauchen. Sie könnten einige Überraschungen erleben, wenn Sie sehen, wie sich manche von ihnen für Sie einsetzen.

An besonders heißen Sommertagen kann es eine gute Idee sein eine Kühlbox mitzunehmen, um den Einkauf darin zu transportie-ren. Eine Kühlbox oder eine Kühltasche wird Ihnen eine relativ ununterbrochene Kühlkette sichern, zumindest auf dem Weg vom Geschäft bis zu Ihnen nach Hause. Manche Leute wählen ständig diese Transportmethode. Es ist jedoch wichtig nicht aus Angst übertrieben zu handeln. Unnötige festgefahrene Verhaltensweisen sind reine Energie- und Zeitverschwendung.

Versuchen Sie, Produkte zu wählen, die aus wenigen oder nur einer Komponente gemacht worden sind. Kaufen Sie nach Wahl auch Lebensmittel, die aus der umliegenden Gegend kommen. Das ist die beste Strategie, um die frischesten Produkte zu bekommen.

Lassen Sie sich davon nicht runterziehen. Es hat keinen Sinn, darü-ber unglücklich zu sein. Betrachten Sie es eher als ein Streben da-nach, Ihrem System wieder auf die Beine zu helfen. Ich war ja vor der Diagnose nicht gerade diszipliniert. Wenn sogar ich mich umstellen konnte, dann können Sie das sicher auch.

Die Zukunft der Qualitätskontrolle in der Lebensmittelindustrie

Für Menschen mit niedrigen Histamin-Toleranzgrenzen sind die derzeitigen Entwicklungen in den Forschungsarbeiten und der zukünftige Realisierungen der Qualitätskontrolle im Zusammenhang mit Temperaturschwankungen und Datenerfassung während der Lebensmitteltransporte ganz besonders interessant. Wissenschaftler machen derzeit große Fortschritte auf ihrer Suche nach den besten Methoden, den Transport von Lebensmitteln zu überwachen. Wenn alles gut geht, kann diese Qualitätskontrolle mit Hilfe von Sensoren durchgeführt werden, welche auf eventuelle Temperaturschwankungen während des Transportes der Lebensmittel reagieren, und somit auch anzeigen, ob die Kühlkette unterbrochen wurde. Eine sehr interessante technische Vorrichtung, nach welcher Ausschau gehalten werden sollte, ist ein Zeit-Temperatur-Indikator, der in die Verpackung selbst eingebaut werden kann und beim Einkauf auch sichtbar für den Kunden zu überprüfen ist. Einer dieser Indikatoren verändert seine Farbe, je mehr die Zeit vergeht und auch bei Temperaturveränderungen, zum Beispiel von Blau auf Weiß, um anzuzeigen, ob ein Lebensmittel noch länger genießbar ist oder sich nicht mehr lange halten wird. Für die Welt der HIT wäre das deshalb relevant, weil wir somit zumindest irgendeinen Referenzpunkt haben, um zu überprüfen, ob ein Produkt in einem ähnlichen Zustand ist, wie es verpackt wurde, oder ob es einen schweren Histaminanstieg erfahren hat. Das wird uns natürlich keine Auskunft darüber geben, wie viele biogene Amine drinnen sind oder waren, als das Produkt seine Reise begann. Es wäre aber ein weiterer kleiner Helfer für die Auswahl der Produkte, ganz besonders in Hinsicht auf Fleisch und andere tierischer Produkte.

Die größten Stolpersteine für die Implementierung dieser Art von Kontrollsystem sind die Lebensmittelproduzenten selbst. Manche werden gar nicht von der Idee begeistert sein, dass sie zeigen müssen, wie frisch ihre Waren doch eigentlich sind, und dann auch noch für den Einbau der Indikatoren in die Verpackung zahlen müssen. Sie werden sowieso sicherlich einen Weg finden, diese Kosten dem Kunden weiterzureichen, so wie sonst auch. Dennoch, wenn es einmal klar wird, dass der Einbau von diesen Zeit-Temperatur-Sensoren das Markenimage aufbessern kann und auch die Verkaufszahlen erhöht, werden sie uns sicherlich damit versorgen.

Eine weitere Möglichkeit der Qualitätskontrolle besteht darin, die Histaminwerte in Fisch und Wein mittels eines Dipstick-Tests zu bestimmen. Diese Dipstick-Tests sind derzeit nur zu Recherchezwecken verwendbar und nicht als diagnostisches Werkzeug gedacht.

Es gibt diesen Test in der Form eines Streifentests für Fisch und Fischprodukte. Trotz aller Vereinfachungen ist dieser Test aber kein einfacher Teststreifen. Der Anwender muss die Probe mit Hilfe von mitgelieferten Komponenten zuerst aufarbeiten. Bei frischem Fischfleisch führt daran kein Weg vorbei. Bei Thunfischkonserven genügt auch schon der Saft.

Im Prinzip kann der Test auch für Wein verwendet werden. Das Problem ist, dass es bei Fisch gesetzlich festgelegte Höchstgrenzen gibt, wohingegen die kritischen Konzentrationen in Wein, nach derzeitigem Wissensstand, bisher noch nicht genau definiert wurden. Somit war es bisher praktisch nicht möglich den Lateral Flow Assay so einzustellen, dass der Patient eine einfache ja/nein Antwort bekommt. Man kann jedoch hier beobachten, dass sich die Entwicklung in eine positive Richtung bewegt.

12. Welche Auswirkungen hat das auf mein Privatleben?

Wir Menschen sind gesellige Geschöpfe. Wenn wir uns entspannen wollen, gehen wir gerne mit unseren Freunden fort, um einfach Spaß zu haben und um unsere alltäglichen Sorgen und den Rest der Welt auf kurze Zeit zu vergessen... vielleicht stimmt das auch nicht für *jeden*, aber die meisten von uns machen das ganz gerne.

Die Reaktionen Ihrer Freunde können so breitgefächert sein wie die Farben des Regenbogens. Manche sind vielleicht extrem darüber besorgt, dass Sie in den nächsten paar Wochen gleich ins Gras beißen könnten. Das einzige, was hier hilft, ist, ruhig zu erklären, worum es sich handelt und zu betonen, dass Sie auf dem Weg der Besserung sind, aber dass Sie Ihre Angewohnheiten ändern müssen, zumindest einmal für eine Weile.

Am anderen Ende der Skala gibt es diejenigen, die Ihnen gegenüber äußern, das Gefühl zu haben, dass Sie viel Lärm um nichts machen. Manche mögen glauben, Sie haben schon immer gerne die Aufmerksamkeit auf sich gezogen, und dass dies nur ein weiterer Grund für Sie ist, um ihre Probleme zu unterstreichen und heraufzuspielen. Manche mögen fragen, ob es nicht eine bessere Idee wäre, zu einem Psychotherapeuten zu gehen – oder Ihnen gar vorschlagen, sich einen Hund zur Ablenkung zu kaufen – weil alles wahrscheinlich eh nur „psychisch" ist. Das tut weh und ist auch nicht hilfreich. Wenn solche Menschen nicht auf eine besonnene und gelassene Erklärung der Tatsachen reagieren, sollten Sie an einem gewissen Punkt vielleicht Ihre Freundschaft mit diesen Personen überdenken. Was Sie jetzt brauchen, ist positive Rückendeckung, keine negativen Demütigungen.

Andere, gut gesinnte Skeptiker stellen Ihnen unnachgiebig Fragen darüber, ob das auch sicherlich das ist, was Sie haben, oder ob Sie da jemand in die Irre führt. Diese Freunde besitzen viel Wissen über Medikamente, die nicht funktionieren, und haben Berichte über falsche Diagnosen und Fehlbehandlungen gelesen und werden darüber besorgt sein, dass Sie vielleicht auf etwas hereingefallen sind, was „nicht echt" ist. Sie glauben Ihnen nicht, weil sie noch nie von einer Unverträglichkeit namens „HIT" gehört haben. Sie würden wahrscheinlich anders reagieren, wenn sie wüssten, wie Sie sich eigentlich fühlen. Es wird wenig Sinn machen, hier darüber zu diskutieren oder gar zu streiten – und es könnte auch eine sehr wertvolle Freundschaft belasten. Streiten verursacht nur Stress, und Stress verursacht die Freisetzung von Histamin, das bereits im Körper „gelagert" ist. Was man hier machen kann, ist, ein wenig diplomatische Distanz einzunehmen, ohne den Freunden das Gefühl zu geben, dass Sie beleidigt wären, um etwas später wieder mit Beweismaterial zurückzukommen. Das sollte nicht länger als vier Wochen dauern, da das Resultat der Karenzphase bis dahin automatisch sichtbar geworden sein sollte, wenn Sie um einiges besser aussehen, viel entspannter und zufriedener sind. Vergessen Sie nicht, dass Ihre Freunde Ihnen eigentlich nur helfen wollen.

Am wichtigsten sind diejenigen, die Ihnen zuhören, die zu Ihnen stehen und in einer Zeit von erheblichen Änderungen eine große Unterstützung sind. Vielleicht verstehen diese Freunde nicht alles, was Sie sagen und tun, aber sie werden Ihnen vertrauensvoll helfen. Das sind die besten Freunde, und wer das ist, werden Sie ziemlich schnell erkennen - wenn Sie es nicht schon wissen. Irgendwann wird es den Tag geben, an dem Sie die Möglichkeit haben werden, das zurückzugeben, was diese Freunde Ihnen geschenkt haben: unvoreingenommen zu sein und viel Verständnis zu haben.

Wieder möchte ich auf meine eigenen Erfahrungen hinweisen: Im Allgemeinen kann ich bestätigen, dass meine Freunde nur das Beste für mich wollen. Aber jeder reagiert anders, und das kommt sehr auf den individuellen Charakter an und ist auch davon abhängig, was die persönlichen Erfahrungen dieser Freunde sind. Es war manchmal richtig anstrengend, kritische Beurteilungen anzuhören und Fragen zu beantworten, besonders dann, wenn ich nicht darüber sprechen wollte, weil ich es schon zehntausend Mal erklärt hatte und eigentlich nur in Ruhe gelassen werden wollte. Wenn es mir zu viel wird, dann verweise ich heute auf das Internet, wo man selbst nach wissenschaftlichen Untersuchungen suchen kann, die von Fachleuten überprüft und auch von sehr angesehenen Wissenschaftlern und Universitäten veröffentlicht worden sind. Ich bekam eine enorme Menge an Unterstützung, auch von Freunden, von denen ich es eigentlich gar nicht erwartet hatte. Das war unglaublich wichtig und hat diese Freundschaften gestärkt. Ich hoffe, dass diese ein Leben lang halten werden. Diese Menschen sind für mich von unschätzbarem Wert, und ich werde Ihnen nie das zurückgeben können, was sie mir gegebenen haben – Ich versuche, sie das auch auf verschiedenste Arten und Weisen wissen zu lassen. Das kann man ohne große Umstände tun, indem man sich revanchiert und zu ihnen steht, wenn sie selbst in Schwierigkeiten sind, welche auch immer diese sein mögen.

Mit Freunden ausgehen

Hier gibt es verschiedene Situationen, auf die man aufpassen muss, die man aber auch ganz gut handhaben kann, wenn man weiß, wo sie stecken. Das Fortgehen wird vielleicht ein wenig komplizierter werden, aber das Allerschlimmste, was man sich antun kann, ist zu Hause zu sitzen und betrübt zu sein, obwohl man ja ganz gerne raus will, um mit seinen Freunden einen schönen Abend zu verbringen. Wenn Sie sich körperlich schlecht fühlen, dann ist das natürlich eine andere Geschichte. Es gibt ein paar kleine Fallen, die ich gerne hervorheben möchte. Als ich herausfand, dass ich Histaminintoleranz habe, war mir das Ganze sehr neu, und ich erfuhr ziemlich schnell, dass ein Besuch in einem Lokal nicht mehr so einfach war wie vorher.

Eine der größten Herausforderungen war, wenn Leute keine Ahnung hatten, dass ich meine Angewohnheiten komplett umkrempeln musste, und mich fragten, ob ich gerne ein Glas Wein hätte. Ich war zum Lokal mit dem festen Vorsatz gekommen, absolut nichts außer ein für mich geeignetes nicht-alkoholisches Getränk zu konsumieren. Und aus dem Blauen heraus, als mir diese Fangfrage gestellt wurde, kroch dieses kleine Monster in mir hoch, das meinte: „Ach komm schon, eines geht schon. Nur eines. Kann nicht so schlimm sein... eines geht sicher." Und nach einem längeren inneren Kampf sagte ich: „Ja, warum nicht. Nur das eine." Besonders in der Anfangszeit war das ein großer Fehler. Kurz danach musste ich gehen, als ich fühlte, wie sich meine Symptome aufbauten. Ich ging nach Hause, war deprimiert und verbrachte den Rest des Abends vor dem Fernseher, den nächsten Tag die meiste Zeit auf kleinstem Raum der Wohnung. Es ist wahrscheinlich keine Überraschung, wenn ich sage, dass das nicht der richtige Weg war, den ich da kurzfristig eingeschlagen hatte.

Unsere sozialen Gewohnheiten sind so sehr in der Kultur manifestiert, dass es schon fast inakzeptabel erscheint, wenn man nicht mit dem Strom mitschwimmt. Wir haben dann schnell das Gefühl, kein Teil der Gruppe, vielleicht auch etwas weniger gesellig oder sogar langweilig zu sein, wenn wir keinen Alkohol trinken. Ich sage hiermit sicher nicht, dass es für eine Person mit einer höheren Toleranzgrenze ein Verbrechen wäre, eine moderate Menge Alkohol zu trinken, aber es sollte dem Einzelnen überlassen sein, ob er das will oder nicht, und im Fall der Histaminintoleranten sollte das mit großer Vorsicht genossen werden, damit es keinen Rückfall gibt. Es ist sehr schade, wenn man viel Zeit und Energie in einen Genesungsprozess hineinsteckt und die gute Arbeit von etwas so banalem wie sozialem Druck wieder zunichte gemacht wird.

Heute, nach einer langen und strengen Diät, gemischt mit Testphasen, bin ich sehr wohl wieder in der Lage, hin und wieder ein alkoholisches Getränk mit Maß zu genießen.

Die Menschen im näheren Bekanntenkreis gewöhnen sich sehr schnell an die Tatsache und hören auch an einem gewissen Punkt einfach auf zu fragen. Die kürzeste Antwort, die ich derzeit parat habe, ist: „Ich vertrage im Moment keinen Alkohol. Es macht mich krank, aber vielen Dank für das Angebot." Das sollte hoffentlich weitere Diskussionen verhindern.

Der Restaurantbesuch

Wenn man in ein Restaurant essen gehen will, dann ist das wieder eine ganz andere Geschichte. Es ist zunächst sehr schwierig, weil man so viele verschiedene Faktoren mitbedenken muss. Ein Vorschlag wäre, während der Karenzphase nicht in Restaurants oder andere Esslokale essen zu gehen. Danach können Sie anfangen, es wieder zu versuchen. So wie immer kommt es auf die persönliche Toleranzgrenze an. Salate sind weniger ein Problem, da man darum bitten kann, solche ohne Tomaten und Essig servieren zu lassen. Suppen werden oft frisch zubereitet, aber sie werden gerne mit Suppenwürfeln gekocht, denen Glutamat, Hefeextrakt als Geschmacksverstärker oder Soja zugesetzt ist, also sollte man hier nachfragen. Bei Saucen ist es eine gute Idee zu fragen, ob diese separat serviert werden können, damit Sie sich selbst entscheiden können, ob Sie ein wenig davon für den Geschmack über das Gericht gießen wollen oder sie im Zweifelsfall auch ganz weg lassen. Man kann leider nur schwer eruieren, wie lange verschiedene Zutaten, so wie Milchprodukte, Fleisch und ganz besonders Fisch, außerhalb des Kühlschranks verweilt haben, bevor sie die heiße Pfanne erreicht haben. In den Desserts sind wiederum sehr oft genau jene Früchte drinnen, die auf der Liste der weniger geeigneten Lebensmittel stehen.

Qualität in Restaurants

Sie sollten sich auch über die Qualität des Restaurants informieren. Die Verbraucherschutzbehörde (FSA) in Großbritannien rät, auf folgende Warnsignale zu achten:

- Schmutzige öffentliche Bereiche (Wenn die Bereiche, die Sie sehen können, ungepflegt sind, dann stellen Sie sich einmal vor, wie die Bereiche aussehen, die Sie nicht sehen können)
- Schmutzige Tische, Geschirre, Bestecke und Gläser
- Personal mit schmutzigen Händen oder dreckigen Fingernägeln, schmutzigen Schürzen oder mit langem Haar, das nicht zurückgebunden wurde

- Überfüllte Mülleimer oder Müllsäcke außerhalb des Betriebes (Diese können Schädlinge und Fliegen anlocken)
  - Schmutzige Toiletten und Waschbecken
  - Präsentation von gekochten Lebensmitteln neben rohen Lebensmitteln, Servierbesteck, das gleichzeitig für rohe und gekochte Waren verwendet wird
  - Präsentation von Waren und Gerichten, die aussehen, als hätten sie ihr „Ablaufdatum" erreicht.
- Haare oder Insekten in Gerichten

Sollten Sie irgendwelche dieser Anzeichen bemerken, dann ist die Wahrscheinlichkeit hoch, dass der Standard und die Qualität des Lokals nicht dem entspricht, was es sein sollte, und es wäre eine Überlegung wert, ob Sie nicht vielleicht woanders hingehen sollten.

Es ist aber nicht alles verloren. Wenn Sie am Abend einmal essen gehen wollen, können Sie etwa vorher eine histaminärmere Ernährung einhalten, so lange, wie Sie glauben, dass es nötig ist, ein Antihistamin einnehmen, bevor Sie von zu Hause weg gehen, und dann ein Gericht wählen, bei dem Sie ziemlich sicher sind, dass es keinen großen Schaden anrichten kann. Vielleicht sollten Sie das nicht jeden Tag tun, aber es ist eine Möglichkeit, um hin und wieder aus dem Alltag auszusteigen. Dabei sollten Sie sich aber immer vor Augen halten, dass Antihistamin die Symptome nur unterdrückt, aber das Histamin mit solch einem Medikament nicht wie durch ein Wunder aufgelöst wird. Wenn zu viel Histamin, aus welchem Grund auch immer, durch die Darmbarriere bricht, wird die Arbeit des Abbaus durch Mechanismen vom Rest des Körpersystems übernommen werden müssen. Diese Mechanismen, wie zum Beispiel der Abbau durch die vorher schon erwähnte HNMT, sind dann aber lange nicht mehr so effizient und brauchen um einiges länger, um mit Histamin fertig zu werden. Deshalb sollten Sie solche Aktionen vorsichtig und mit Bedacht angehen.

Die positiven und negativen Seiten der DAO-Kapseln

Eine weitere Möglichkeit besteht darin, das Enzym als Nahrungsergänzungsmittel in Kapselform einzunehmen. Diese Kapseln sollten, wenn überhaupt, nach Absprache mit dem Arzt genommen werden. Sie sind noch nicht sehr lange auf dem Markt, und es gibt bisher noch keine Antwort darauf, ob sie eine Auswirkung auf eine Ausheilung der HIT haben können. Die Frage stellt sich, ob eine Einnahme einer höheren Dosis auf längere Zeit hinaus möglicherweise den Körper glauben lassen kann, dass er das Enzym nicht mehr selbständig produzieren muss. Sollte das der Fall sein, könnte dies gefährliche Konsequenzen mit sich tragen und eventuell auch eine Abhängigkeit auf diese Kapseln hervorrufen. Die Hersteller weisen darauf hin, dass ihr Produkt nicht für eine Diagnose, eine Behandlung, eine Heilung oder eine Verhinderung von jeglichen Krankheiten vorgesehen ist.

Das Nahrungsergänzungsmittel wird von manchen Ärzten bereits in Form einer sogenannten "Enzymtherapie" eingesetzt. Es wurde erwähnt, dass in manchen Fällen die Kapseln neben einer Diät verordnet wurden und dass Patienten eine signifikante Verbesserung ihrer Unverträglichkeit erreichen konnten. Natürlich gibt es derzeit dafür keine unabhängigen wissenschaftlichen Untersuchungen, um diese These zu unterstützen, und somit im Moment auch keinen Beweis.

Auch ich kaufte diese Kapseln und nahm sie für eine kurze Weile nach meiner Diagnose ein, danach nur, wenn ich das Gefühl hatte, dass es wirklich, wirklich nötig war – normalerweise dann, wenn ich für Dreharbeiten unterwegs war. Ich persönlich ziehe es vor, sie nicht zu nehmen - außer vielleicht im Notfall. Ich denke nämlich, dass sie die zugrundeliegende Ursache nur maskieren, wenn man doch eigentlich seine individuelle Toleranzgrenze mit Hilfe des Ernährungsplans erforschen und seinem Körper die Chance bieten sollte, auf natürliche Weise zu genesen. Auf jeden Fall wären ordentliche und unabhängige wissenschaftliche Untersuchungen sehr willkommen, um zu eruieren, welchen Effekt die Einnahme dieser

Enzyme über längere Zeit haben kann. Die Kapseln sind auch sehr teuer, weshalb sie für Leute mit niedrigem Einkommen auf längere Zeit finanziell nicht leistbar sind. Vegetarier und Veganer werden wahrscheinlich automatisch Abstand von dieser Art Lösung nehmen, da das Enzym aus den Nieren von Schweinen gewonnen wird. Auch die Anzahl der Beschwerden steigt langsam an. Bei Gesprächen mit manchen Betroffenen habe ich erfahren, dass die Kapseln ihrer Meinung nach aus irgendeinem Grund nur teilweise funktionieren. Das kann eventuell damit zu tun haben, dass noch eine andere Gesundheitsstörung unentdeckt geblieben ist, oder dass die DAO-Menge in der Kapsel sehr schnell bei der Einnahme von histaminreichen Nahrungsmitteln und Getränken erschöpft wird. Es stellt sich auch die Frage, ob die Kapseln bei gleichzeitiger Einnahme von Histaminliberatoren und/oder DAO-Blockern ihre Wirkung überhaupt ausüben kann. Es kann aber auch sein, dass die Kapsel nicht zum richtigen Zeitpunkt eingenommen wurde. Einer der Hersteller empfiehlt, die Kapseln unmittelbar vor dem Essen einzunehmen. Histaminreiche Nahrung, die vor dem Kapselinhalt ins Verdauungssystem gelangt, wird natürlich nicht vom Enzym aus der Kapsel abgebaut. Das ist ein Problem, das die Wissenschaftler in Zukunft lösen sollten. Im Großen und Ganzen sind die Kapseln aus der Sicht des Konsumenten nicht das Gelbe vom Ei. Ein Hersteller im englischen Sprachraum behauptet, dass "Europäer diese Formel seit Jahren extrem positiv beurteilen". Haben sie etwas selbstgefällig verdrängt, dass manche Patienten gar nicht so glücklich damit sind? Die Nahrungsmittelergänzung scheint schon positive Auswirkungen für Patienten zu haben, die an einer leichten Histaminintoleranz leiden, aber nicht für die schwereren und komplizierteren Fälle, also sollte man hier seinen Enthusiasmus etwas zügeln. Was immer diese Kapseln auch bewirken mögen, sie sind kein Wundermittel und schon gar keine Freikarte zur kompletten Genesung.

Die eigene Toleranzgrenze erforschen

Vergessen Sie nicht, dass sich Ihre Toleranzgrenze mit der Zeit erhöhen kann, und dass Sie, wenn Sie sich danach fühlen, vorsichtig austesten können, wie weit Sie gehen. Es ist eine kniffelige Angelegenheit, aber der Trick ist hier, nicht zu viele Zutaten von der Liste mit den weniger geeigneten Nahrungsmitteln auf einmal wieder einzuführen, wie zum Beispiel Rotwein mit verschiedenen Käsesorten. Es ist aber auch wichtig, nicht zu viel von einer einzelnen Zutat auf einmal wieder zu integrieren, beispielsweise eine große Portion Tomaten. Wenn Sie sich an dieses Prinzip halten, können Sie eventuell nach und nach mehr von Ihren Lieblingsnahrungsmitteln wieder in Ihren Ernährungsplan einbauen. Zumindest habe ich das auf diese Weise machen können, was aber leider keine Garantie für andere HIT-Patienten ist.

In meinem eigenen Fall habe ich nun eine Toleranzgrenze erreicht, bei der der Besuch im Restaurant fast(!) kein Problem mehr darstellt. Ich kann leider auch selbst nicht berichten, dass das immer gut ausgeht. Aber ich bin mittlerweile wieder auf Reisen gewesen, auch für meine Arbeit, wo ich regelmäßig in Restaurants essen musste. Hin und wieder, wenn ich leichte Symptome bekomme, kann ich diese am nächsten Tag wieder unter Kontrolle bringen. Die Hauptschwierigkeit liegt darin, dass man nicht einschätzen kann, wie viel Histamin wo drinnen ist. Die Kenntnis darüber, wie sich Histamin vermehrt, unter welchen Umständen es das tut, und auch die eigene Liste bei der Hand oder im Kopf zu haben, hilft dabei, besser einschätzen zu können, welche Speisen im Menü am ehesten wählbar sind. Es ist schwer zu beschreiben, aber über die Jahre habe ich eine Art Instinkt bezüglich dessen entwickelt, was ich in Menükarten auswählen sollte und was nicht, oder welche Gerichte für mich mehr Risiko in sich tragen als andere. Natürlich gibt mir das keinen hundertprozentigen Schutz, aber es bringt einen unheimlichen Startvorteil mit sich.

Der Weg ist das Ziel!

13. Fleisch

Die Guten, die Schlechten ... und die ganz Bösen

Fleisch ist eine wunderbare Quelle für Proteine, Mineralien (Eisen, Selen und Zink) und verschiedene B-Vitamine. Es sind die höheren Proteinmengen im Fleisch, die eine beschleunigte Entwicklung von Histamin fördern können. Die Verpackung, die Lagerung und der Weg vom Schlachthaus bis zur Geschäftskasse sind wichtige Faktoren, die Sie hier berücksichtigen müssen.

Ihr Bestreben wird es sein, auf die Suche nach den frischesten Produkten zu gehen. Wenn Sie nicht zufälligerweise einen Fleischer ums Eck parat haben, dann wird sich Ihre Suche nach den verborgenen Schätzen auf den nächsten Supermarkt in Ihrer Umgebung reduzieren. Es ist immer eine Herausforderung, seinen Arbeitstag mit dem Einkauf und der Zubereitung des Abendessens richtig zu verbinden, aber im Interesse Ihres Wohlbefindens wird sich diese Detektivarbeit auszahlen.

Ähnlich wie beim Fisch ist frisches Fleisch sehr histaminarm. Das ist die gute Nachricht. Im Supermarkt jedoch wird es schwierig sein, herauszufinden, wann genau ein Tier geschlachtet worden ist, oder wie lange das Fleisch herumgereist ist, bis es in Ihre Hände fällt. Wenn Sie sich auf Supermärkte verlassen müssen, dann schauen Sie auch ins Tiefkühlfach des Geschäftes. Es ist die beste Lösung, diejenigen Waren zu ergattern, die am wenigsten histaminreich sind, weil hier die Entwicklung von Histamin und anderen biogenen Aminen auf ein Minimum reduziert wurde. Wenn Sie hier etwas finden, das Sie gerne hätten, schauen Sie tief in Tiefkühltruhe, um zu sehen, welche Ware das späteste Ablaufdatum hat. Sollte die Verpackung der Ware auf irgendeine Weise beschädigt oder gerissen sein, lassen Sie sie liegen. Im Allgemeinen gilt jedoch, dass auch nicht tiefgefrorenes frisches Fleisch sehr niedrige Histaminwerte haben sollte.

Im Idealfall ist bei Ihnen ein Fleischer in der Nähe. Noch idealer
wäre es, wenn der Fleischer seine Quelle für Fleischwaren in seiner
Nähe hat. Er sollte Ihnen sagen können, wann genau die Schlach-
tung vorgenommen wurde, und auch, wie lange die Ware bereits
bei ihm ist. Reden Sie mit dem Mann (oder auch der Frau, natürlich!), der dafür verantwortlich ist, in einem ruhigen Moment, wenn
er keinen Stress hat. Fleischer beantworten normalerweise ganz
gerne Fragen. Viele von ihnen arbeiten schon seit Jahren in der
Industrie und sind auch stolz darauf. Sie haben reiche Kenntnis,
und die meisten werden dieses Wissen gerne mit Ihnen teilen. Erklären Sie dem Fleischer kurz und bündig was Ihr Problem und
vielleicht auch, dass es so etwas Ähnliches wie eine Allergie ist, und
dass Sie Symptome bekommen, wenn Sie sich nicht an die Regeln
halten.

**Hier sind ein paar Rahmenempfehlungen für den Einkauf von
Fleischprodukten:**

Geflügel

Hühnerfleisch sollte nur bis zu zwei Tage nach dem Schlachten
gekauft werden. Es wird eines der frischesten Produkte sein, das
Sie kaufen können. Man sollte sich aber auch dessen bewusst sein,
dass Hühner- und Truthahnfleisch unter den falschen Bedingungen
mit einer horrenden Geschwindigkeit verderben kann.

Schweinefleisch

Auch Schweinefleisch wird normalerweise ziemlich rasch an die
Theke geliefert, da es für Schweinfleisch von Anfang an nicht nötig
ist, es reifen zu lassen. Geräucherter Schinken und auch gepökelter
oder geräucherter Speck sind natürlich länger verarbeitet worden
und deshalb von der Speisekarte zumindest für eine Weile zu streichen.

Wurstwaren

Es gibt verschiedenste Varianten von Wurstwaren: die guten und
die gar nicht geeigneten. Eher geeignete, jedoch individuell auszu-

testende Würste sind Bratwürste, Fleischwürste und Kochwürste. Dagegen sind alle Arten von Rohwurst ungeeignet. Man sollte auch beim Kauf von Wurst darauf achten, welche Zusatzstoffe sie enthält. Das ist von Hersteller zu Hersteller sehr verschieden. Wurstwaren sind auch für Histaminbildung sehr anfällig, weshalb die richtige Lagerung und Kühlung hier oberste Priorität hat. Von Würstchen aus der Dose sollte man möglichst die Finger lassen. Diese Wurstprodukte mögen für jemanden ohne HIT kein Problem sein, aber für Sie wird es besser sein, wenn Sie sich davon fernhalten, außer wenn sich Ihr Zustand um einiges gebessert haben sollte.

Faschiertes / Hackfleisch

Faschiertes/Hackfleisch sollte kein Problem darstellen, solange man es so frisch wie möglich einkauft und auch gleich verkocht, ähnlich wie beim Fisch. Hier ist der Sachverhalt so, dass das Fleisch sehr viel mehr auf einer größeren Fläche mit der Atmosphäre ringsherum in Kontakt kommt und deshalb die Histaminbildung unter den richtigen (oder eher falschen) Umständen um einiges schneller fortschreiten kann. Hackfleisch vom Schwein sollte dem Hackfleisch vom Rind bevorzugt werden, wenn die Toleranzgrenze sehr niedrig ist. Ein guter Fleischhauer wird sicher Ihrer Bitte nachkommen, ein frisches Stück Fleisch aus dem Kühlraum durch den Fleischwolf zu drehen, statt Ihnen das Hackfleisch zu verkaufen, das bereits länger in der Vitrine liegt. Hackfleischgerichte sollten auf keinen Fall ein zweites Mal aufgewärmt gegessen werden.

Rindfleisch

Rindfleisch wird normalerweise ein bis zwei Wochen lang abgehangen, um das Beste daraus herauszuholen. Diejenigen, die ganz besonders empfindlich sind, sollten das einkalkulieren. Bei Rindfleisch kann man nicht an der Farbe erkennen, welches Stadium es erreicht hat. Manche Rindfleischarten sind von Anfang an dunkler als andere. Wenn das Fleisch bei ordnungsgemäßen Temperaturen in der richtigen Umgebung gelagert worden ist, wird der bakteriel-

le Einfluss auf das Fleisch minimal sein. Also bitte keine Angst vorm
Rindfleisch haben!

Geräuchertes Fleisch, Rohschinken und Leberwurst

Wegen der längeren Reifungsdauer und der Entstehung weiterer
biogener Amine ist es ratsam, diese Lebensmittel zu meiden. Beispielsweise sind das Salami, luftgetrockneter Schinken oder geräucherter Rohschinken. Der Geschmack von Rohschinken wird mit
Hilfe von Milchsäurebakterien erreicht, was auch die
Histaminbildung vorantreibt. Besonders diejenigen, die öfter an
Magen-Darmbeschwerden leiden, sollten Rohschinken wegen dieser Herstellungsart meiden. Auch Leberprodukte und Leberwurst
sollten vorerst wegen ihrer allgemein erhöhten Histaminbildung
nicht gegessen werden. Sollten Leberprodukte bisher ein frequen-
tierter Bestandteil ihres Speiseplans gewesen sein, dann reden Sie
mit Ihrem Diätassistenten darüber, wie Sie den Verlust dieser
Komponente ausgleichen können, um eine ausgeglichene Diät zu
erhalten.

Gleich nach Hause mit den Fleischprodukten

Sobald Sie mit ihrem Einkauf fertig sind, bringen Sie diesen am
besten gleich nach Hause und stecken ihn in den Kühlschrank, bevor Sie irgendetwas anderes tun. Es ist keine gute Idee, den Einkauf
für eine Stunde, auch wenn das wenig erscheint, im warmen Auto
liegen zu lassen, nur weil man kurz auf ein Getränk mit Freunden
im angenehmen Sonnenschein gehen will. Der beste Platz für rohe
Fleischprodukte ist im untersten Teil des Kühlschranks, auch für
den Fall der Fälle, dass irgendwann Flüssigkeit aus der Packung
läuft, da diese nicht auf anderen Produkte tropft und sie kontaminiert. Sollte es passieren, dass Flüssigkeit vom Fleisch sich im Kühlschrank verteilt, dann nehmen Sie eine gründliche Reinigung vor.
Der Kühlschrank sollte generell sauber gehalten werden. Somit
wird die Bildung von Histamin durch Bakterien im Zaum gehalten.

Lagerung

Wenn Sie eine Packung geöffnet haben, machen Sie diese wieder so luftdicht wie möglich zu und wickeln Sie sie bei Bedarf in Folie ein, um weiteren Kontakt mit der äußeren Atmosphäre zu veringern. Säubern Sie Stellen, die mit Flüssigkeit von der Packung in Kontakt geraten sind, da ansonsten die Ausbreitung und das Wachstum von Bakterien begünstigt werden und die Histaminbildung in anderen Lebensmitteln, die damit in Berührung gekommen sind, beschleunigen werden kann.

Das Einfrieren ist eine fantastische Methode, rohe Fleischprodukte zu erhalten, die nicht am selben Tag zum kochen verwendet werden. Tiefgekühlte Fleischwaren können allgemein eine gute Lösung für diejenigen mit besonders niedrigen Toleranzgrenzen sein, da diese Waren unter kontrollierten Bedingungen verpackt worden sind und dadurch die Histaminbildung wegen der sehr niedrigen Temperaturen schwer verlangsamt worden ist.

Die empfohlenen Temperaturen für Haushaltskühlschränke liegen bei 1°C bis 3°C. Für Haushaltstiefkühlgeräte liegt die empfohlene Temperatur bei -18°C. Viele von uns vergessen, dass die Temperatur im Kühlschrank ziemlich schnell steigt, sobald man diesen auch nur für kurze Zeit aufmacht. Die Temperaturen werden auch signifikant steigen, wenn man eine große Menge von frischen Waren vom Einkauf in den Kühlschrank stopft. Was bereits drinnen war, wird leicht erwärmt, und es dauert eine kleine Weile, bis der Kühlschrank wieder seine ursprüngliche Temperatur erreicht hat. Um die Temperaturen der Kühlgeräte im Auge behalten zu können, kann man sich ein dementsprechendes digitales Thermometer in Elektronikgeschäften oder Haushaltsläden kaufen.

14. Fisch

Die Guten und die Schlechten

Fisch enthält für das menschliche System ein großes Spektrum an verschiedenen sehr guten Anteilen, wie zum Beispiel Proteine und Mineralien. Besonders die fettreichen Fische beliefern uns mit einer größeren Portion Omega-3-Fettsäuren und auch Vitamin A und D als Weißfische. Ein bisschen Fisch im Menü, vorzugsweise zweimal die Woche, wird für Sie sicherlich nicht von Schaden sein. Hier besteht der Nachteil darin, dass manche Fischarten generell höhere Histidinwerte haben. Wenn der Fisch nicht bei richtiger Temperatur oder an unhygienischen Orten gelagert wird und dadurch mit Bakterien in Kontakt kommt, kann dies den Histaminanstieg regelrecht explodieren lassen, besonders in den klimatisch wärmeren Teilen dieser Welt. Diese außerordentlich hohen Werte können innerhalb von kürzester Zeit eskalieren.

Es gibt mehrere Möglichkeiten, dieses Problem zu umgehen:

Ein frisch gefangener Fisch wird kaum einen Histaminwert aufweisen. Deshalb gibt esfür uns prinzipiell keinen Grund, ihn zu meiden. Wenn Sie einen mit Sicherheit histaminarmen Fisch haben wollen, wie wäre es denn mit einer kleinen Reise an einen See oder ans Meer? Eines der schönsten Dinge, die man machen kann, ist, am frühen Morgen einen Strand oder Waldweg entlangzuwandern. Das hält einen fit und ist gleichzeitig sehr entspannend. Dabei kann man beim Fischer vorbeigehen und nachsehen, was er an diesem Tag schon gefangen hat, eine Portion in einem Gefrierbehälter mit Eis mitnehmen, um sie zu Hause zu Mittag zuzubereiten. Mit einem Mittagsschlaf kann man sich den Tag abrunden. Ist nur so ein Gedanke.

Kommen wir zurück zum Ernst des Alltags. In der Realität haben nur wenige von uns genug Zeit, kilometerweit zu reisen, um sich einen Fisch zu besorgen. Fischliebhaber werden folgendes im Hinterkopf behalten müssen: Bedenken Sie immer, dass die

Histaminwerte in Fisch und Meeresfrüchten davon abhängig sind, wie diese im Zeitraum zwischen dem Fang und dem Essen des Fisches gelagert und gekühlt worden sind.

Frischfisch und Tiefkühlfisch, der vorschriftsgemäß vorbehandelt worden ist, sollte für den Verzehr absolut in Ordnung sein. Ich selbst habe immer auf dem Nachhauseweg gefrorenen Fisch aus dem Tiefkühlregal gekauft. Da ich ihn erst am Abend verkochen wollte, gab ich ihn in den Kühlschrank und ließ ihn dort langsam auftauen, um ihn dann gleich zu kochen. Ich gab darauf acht, die Küche gründlich zu säubern, um sicherzustellen, dass hier nichts schief gehen konnte – und es funktionierte wunderbar. Aber! Bei einem späteren Gespräch mit einer Diätologin sagte diese mir, dass dies während der Karenzphase nicht förderlich wäre. Auch manche Patienten, die eine zumindest anfangs sehr niedrige Toleranzgrenze haben, werden eher an Beschwerden leiden. Sie meinte, man sollte den Fisch direkt aus dem gefrorenen Zustand heraus kochen. Hier kann man sehen, wie verschieden die Ansichten zu diesem Thema sind, und wie viel es an einem selbst liegt, eine Strategie zu entwickeln, ohne sich eine Essstörung einzuhandeln. Wenn keine Symptome auftauchten, schrieb ich mir die Details des Produktes auf, und auch, wo ich es gekauft hatte. Somit hatte ich meiner wachsenden Liste der mir verträglichen Nahrungsmittel ein weiteres Nahrungsmittel hinzugefügt. Natürlich können eventuell die Gegebenheiten während des Fischens, der Zeitraum zwischen dem Fang und des Ausnehmens der Innereien und der weitere Verlauf bis zur Verpackung, die Hygienestandards für dasselbe Verkaufsprodukt variieren. Wenn man sich aber die Mühe macht, die Produkte aufzuschreiben, mit denen man gute Erfahrungen gemacht hat, kann man sich zumindest eine relativ stetige Zufuhr an qualitativen Produkten sichern. Eine Firma, die hohe Qualitätsanforderungen hat, wird diese sicher auch beibehalten, obwohl es natürlich auch dafür leider keine Garantie gibt.

Fischsorten aus klimatisch wärmeren Regionen, zum Beispiel Thunfisch und Sardinen, können tendenziell höhere Histaminwerte aufweisen. Im Allgemeinen ist jedoch jeder fangfrische Fisch sehr histaminarm!

Skombrotoxismus – Scromboid-Vergiftung

Skombrotoxismus ist eine Histaminvergiftung, die durch den Verzehr von bakteriell verseuchten oder verdorbenen Fischen aus der Scromboiden-Familie, zu denen Thunfisch, Bonito und Makrelen gehören, verursacht wird. Wie bereits erwähnt, wird der Prozess der Umwandlung von Histidin in Histamin durch Mikroorganismen begünstigt.

In einem Lehrgang im Maui Community College der Universität Hawaii lehrt der Internist Dr. Steven Farmer seine Studenten, dass „Scromboid-Vergiftung die häufigste toxische Lebensmittelvergiftung ist, die man in den USA vorfindet: die zweithäufigste ist Ciguatoxinvergiftung." Diese Beobachtung bezieht er nur auf die USA, aber das kann leicht auf den Rest der Welt reflektiert werden, da Hygiene, Lagerung und Transportzeiten von Produkten Angelegenheiten sind, die nicht nur Amerika betreffen. Das wirft gleichzeitig die Frage auf, wie viele HIT-Betroffene sich unter denen befanden, die eine solche Lebensmittelvergiftung hatten – oder anders gesagt: Sollte man, wenn man eine Fischvergiftung hatte, den Arzt aufsuchen, um herauszufinden, ob man Histaminintoleranz hat, weil es eine Indikation sein könnte? Es steht wohl außer Frage, dass Menschen, die an HIT leiden, hier sehr gefährdet sind.

Scromboid-Vergiftung wird auch mit anderen Nahrungsmitteln in Verbindung gebracht, zum Beispiel mit Schweizer Käse. Allerdings schreibt man sie eigentlich den Fischen zu, die entweder noch an Bord der Kutter nicht ordnungsgemäß ausgenommen oder nach dem Fang nicht schnell genug gekühlt wurden.

Meeresfrüchte

Meeresfrüchte sollte man eine Zeit lang komplett meiden, da sie hoch toxisch sind und auch Histamin & Co sich schnell in den kleinen Meeresbewohnern entwickeln können, sobald Sie aus dem

Meer gefischt worden sind. Abgesehen von der Scromboid-Vergiftung besteht in diesem Fall zusätzlich die Gefahr einer Muschelvergiftung, die durch Gifte hervorgerufen wird, welche sich etwa durch Algen über die Nahrungsmittelkette in Muscheltieren ablagern. Diese Art von Vergiftung kann unter anderem auch zu schweren Verdauungsstörungen führen, was sich ein HIT-Patient von vornherein schon gar nicht leisten kann, da dies die Funktion der Diaminoxidase im Darm noch weiter stört und beeinträchtigt.

Fischkonserven, Dosenfisch, geräucherter und marinierter Fisch

Hier kommen wir in die nächste Gefahrenzone. Speziell während der Karenzphase ist es sehr, sehr ratsam, sich von diesen Produkten komplett fernzuhalten. Die Tatsache, dass diese Produkte einen komplexen, oft auch langen Herstellungsprozess durchlaufen haben, eröffnet dem Histamin viele Möglichkeiten, sich zu vermehren. Diesen Produkten werden oft auch Zusatzstoffe wie Essig beigefügt, die dem Histamin helfen, Ihre Toleranzgrenze zu übersteigen. Zu einem späteren Zeitpunkt können Sie damit beginnen, sehr vorsichtig diejenigen Produkte auszuprobieren, die keine der weniger geeigneten Zusatzstoffe beinhalten (z.B. Hefeextrakt).

Ich selbst bin beim frischen Fisch hängen geblieben – weil ich einfach das Risiko nicht eingehen will, meine gute Arbeit wieder rückgängig zu machen. Ich hoffe, dass es eines Tages einen Heimtest gibt, der Histamin in Nahrungsmitteln messen kann. Sie werden sich sicher fragen, wie ich auf diese Idee gekommen bin. Während meiner Recherchen stolperte ich über ein paar sehr interessante Informationen.

Wird es in Zukunft möglich sein, Histaminwerte zu messen?

Ein Forschungsteam, das von Dr. John Lavigne in der Universität von South Carolina geleitet wird, hat ein Instrument in Form eines wegwerfbaren Messstabes (Dipstick) entwickelt, welcher unmittelbar anzeigen kann, ob ein Lebensmittel für uns noch genießbar ist.

Es ist möglich, dass dieser Messstab innerhalb der nächsten paar Jahre allgemein erhältlich sein wird.

In einem Interview erklärt Dr. Lavigne wie folgt: „Die Grundidee des ‚Dipstick Tests', den wir entwickelt haben, beruht auf einem Polymer, das wir in unserem Labor hergestellt haben, das beim Kontakt mit biogenen Aminen die Farbe verändert. Diese biogenen Amine entstehen bei bakteriellem Verderb in Nahrungsmitteln. Bisher haben wir uns in unserem Labor primär auf Fisch konzentriert, aber die gleiche Methode kann auch für Fleisch, Früchte, Gemüse, Bier, Wein und Nüsse angewendet werden. Es kann praktisch an jedem Nahrungsmittel angewendet werden, in dem Proteine enthalten sind. Was wir messen, sind die Abbauprodukte dieses Proteins, während die Bakterien auf das Nahrungsmittel einwirken. Grundsätzlich verändert sich das Polymer in einem der Formate von der Farbe violett, noch genießbar, in Richtung rot, wenn es weniger genießbar wird, und es wird dann immer gelblicher, je mehr das Nahrungsmittel verdorben ist. Wir haben uns auf den Konsumenten konzentriert, auf den einzelnen Konsumenten, der das Gerät zu Hause oder im Restaurant verwenden kann. Mein Interesse entstand nach einer Lebensmittelvergiftung. Ich hatte ein paar Essensreste gegessen. Sie rochen, als wären sie in Ordnung, und sie sahen auch in Ordnung aus, aber trotzdem waren da die Bakterien, und diese Stoffe wurden produziert, die ich noch nicht feststellen konnte."

„Einer unserer Ansätze war eine Art – eine Karte, oder etwas in der Größenordnung einer Kreditkarte, oder etwas wie einen Stift zu entwickeln, wo das Gerät ein kleines bisschen Flüssigkeit von einem Festkörper wie Fischpastete absaugen kann. Dann liest man einfach das Ergebnis von der Karte, ob es in Ordnung ist oder verdorben. Diese Analyse wäre einem Schwangerschaftstest, den man zu Hause machen kann, oder einem Bluttest für Glukosewerte bei Diabetikern sehr ähnlich.

Hier sind ein paar sehr brauchbare Tipps von der britischen Food Standards Agency:

Das Auswählen und Handhaben von Fisch und Meeresfrüchten

Beim Einkauf zu beachten:

- Kaufen Sie Fisch und Meeresfrüchte nur von seriösen Quellen. Misstrauen Sie Leuten, die Ihnen Fischprodukte aus dem Kofferraum verkaufen wollen.
- Wählen Sie nur frischen Fisch, aus einer Kühltruhe oder auf Eis gelegt.
- Wenn Sie Fischprodukte kaufen, nehmen Sie diese als letztes und gehen Sie damit direkt nach Hause.
- Kaufen Sie keine gekochten Fischprodukte (wie zum Beispiel Shrimps oder Krabben), die im selben Schaufenster wie roher Fisch liegen, da diese immer streng getrennt aufbewahrt werden müssen.
- Kaufen Sie keinen Tiefkühlfisch, bei dem die Verpackung beschädigt ist.
- Kaufen Sie keine tiefgekühlten Fischprodukte, die in der Tiefkühltruhe des Geschäftes über der Frostgrenze gelagert worden sind.
- Kaufen Sie keinen Tiefkühlfisch, auf dem sich Eiskristalle gebildet haben oder wo Sie durch die Verpackung Frostzeichen erkennen können. Das kann ein Zeichen dafür sein, dass das Produkt zu lange gelagert wurde, oder dass es aufgetaut und wieder eingefroren worden ist.

Lagerung und Zubereitung von Fisch und Meeresfrüchten

- Legen Sie den Fisch sofort, sobald Sie nach Hause kommen, in den Kühlschrank oder in die Tiefkühltruhe.
- Stellen Sie sicher, dass alle Fischprodukte bedeckt oder gut eingewickelt sind.
- Lagern Sie Fischprodukte nicht in Wasser.
- Werfen Sie Muscheln weg, deren Schale gebrochen oder gesprungen ist. Lebende Muscheln schließen sich, wenn man an ihre Schale klopft.

- Waschen Sie Ihre Hände, bevor Sie den Fisch bearbeiten.
- Tauen Sie den Fisch im Kühlschrank auf, möglichst über Nacht, oder wenn Sie ihn schneller auftauen wollen, in der Mikrowelle. Verwenden Sie die Auftau-Einstellung ihrer Mikrowelle und tauen Sie so lange auf, bis der Fisch zwar noch eisig ist aber flexibel wird.
- Verwenden Sie separate Schneidebretter (aus Kunststoff!), Messer, Teller etc. beim Vorbereiten des Fisches.
- Lassen Sie rohen Fisch nicht mit gekochtem Nahrungsmitteln in Kontakt geraten.

Fisch kochen

- Kochen Sie den Fisch, sodass das Fett wegtropft.
- Fisch kann man backen, pochieren oder grillen, aber verwenden Sie das abgetropfte Fett nicht mehr.
- Lassen Sie Fisch im Kühlschrank abgedeckt marinieren, und schütten Sie nachher die Marinade weg, nachdem Sie den Fisch herausgenommen haben.

Weitere Informationen zum Thema Fisch und Meeresfrüchte finden Sie hier:

Fischinformationszentrum e.V (FIZ) – Verein, gegründet von Unternehmen und Verbänden der deutschen Fischwirtschaft – www.fischinfo.de

Marine Conservation Society – www.mcsuk.org

Marine Stewardship Council – haben ein zusätzliches Büro für Deutschland, Österreich und Schweiz – www.msc.org

15. Milch und Molkereiprodukte

Bei Milch und Molkereiprodukten hängt, wie bei allen anderen tierischen Produkten, vieles vom Herstellungsprozess, den hygienischen Bedingungen beim Hersteller und auch dem Grad der Fermentierung, oder anders gesagt, dem Reifungsprozess ab. Auch bei diesen Produkten werden Sie bezüglich der Lagerung disziplinierter sein müssen. Milch und Käseprodukte sollten nicht zu lange außerhalb des Kühlschranks bleiben. Jedes Mal, wenn man sie eine Zeitlang in der Wärme stehen lässt, wird sich die Histaminmenge durch den Reifungsprozess erhöhen.

Milchprodukte sind reich an Vitamin A und B12 und beliefern uns auch mit Kalzium, welches ein wichtiger Bestandteil für Knochen und Zähne ist. Reden Sie mit dem Diätassistenten darüber, wie viel Sie zumindest von welchen Produkten in Ihre Ernährung aufnehmen sollten. Wie auch bei anderen Nahrungsmittelgruppen, sollte Ihnen der Diätassistent dabei helfen, Ersatznahrungsmittel zu finden, um sicher zu gehen, dass die Karenzphase für Sie in Zukunft keine negativen Konsequenzen bringt. Es wird nicht genügen, einfach nur Kalziumtabletten zu schlucken, die man im Supermarkt gekauft hat. Bitte sprechen Sie mit kompetenten Fachkräften darüber!

Außer wenn Sie eine zusätzliche Laktoseintoleranz haben sollten, werden Ihre besten Freunde aus der Reihe Ricotta, Frischkäse, Quark (Topfen), Joghurt und anderen milden, wenig gereiften Käsesorten ohne Zusätze von weniger geeigneten Nahrungsmitteln kommen. Die meisten dieser Produkte sollten verträglich sein, wobei frische pasteurisierte Milch und Ricotta besonders auch bei sehr Empfindlichen geeignet sein sollten. Über die Frage, ob Joghurt verträglich ist oder nicht, spalten sich die Geister, jedoch wird es von sehr vielen vertragen. Der Histamingehalt im Joghurt hängt davon ab, auf welche Weise das Produkt mit histaminproduzierenden Bakterien „geimpft" wurde, ferner mit der Zeitspanne der Produktion des Joghurts. Sie werden selbst austesten müssen, welches Joghurt Sie am besten vertragen, aber es zahlt sich bestimmt aus. Fangen Sie am besten mit kleineren Mengen an. Heutzutage findet man eine wachsende Menge an laktosefreien Produkten, die von Patienten auch gut angenommen werden. Eine Firma gibt sogar an, dass ihre Produkte histaminfrei sind. Wie viel Wahrheitsgehalt in dieser Aussage steckt, wird sich in Zukunft weisen.

Haben Sie Ihre Karenzphase beendet, ist es am sichersten, damit zu beginnen, milde Käsesorten wie milden Gouda auszuprobieren. Weitere Käsesorten, die Sie zuerst versuchen können, sind Mascarpone, Mozzarella, Bonbel, Feta und milde Schimmelkäse. Testen Sie die Käsesorten einzeln aus, um herauszufinden, welche Sie am ehesten vertragen, wenn nicht alle. Vergessen Sie nicht, gut vertragene Sorten und Produktnamen auf Ihrer Liste festzuhalten. Verschiedenen Käseproduzenten verwenden unterschiedliche Verarbeitungsprozesse und Zusatzstoffe. Es ist aber sehr wahrscheinlich, dass ein Käseproduzent für sein individuelles Produkt das gleiche Verfahren stets wiederholt, um den Standard seines Produktes zu wahren.

Milde Käsesorten = weniger Histamin

Lange gereifte Käsesorten werden höhere und bisweilen auch extrem hohe Histaminwerte erreichen. Lange gereifte Käsesorten werden bei HIT, natürlich abhängig von der individuellen Toleranzgrenze und dem erreichten Genesungsstadium durch die Karenzphase, keine angenehmen Erfahrungen bereiten. Das bedeutet, dass zum Beispiel gereifter Gouda, Brie, Edamer, Parmesan und Raclettekäse bei Personen mit niedrigerer Toleranzgrenze äußerst unangenehme Symptome hervorrufen können.

Rohmilchprodukte sollten gemieden werden. Das Risiko von potentiellen Magen-Darm-Erkrankungen ist hier sehr hoch, da sich bei Rohmilch, also unbehandelter Milch, eine mögliche Kontaminierung mit Krankheitserregern erhöht. Auch die Histaminbildung kann deshalb äußerst rasch in unangenehme Höhen schnellen. In vielen Ländern wird der Verkauf von Rohmilchprodukten streng reguliert. In Schottland ist der Verkauf dieser Art von Lebensmittel sogar verboten.

Es gibt eine große Bandbreite von Rezepten, die man mit den Zutaten Joghurt, Frischkäsesorten und Ricotta zubereiten kann. Anfangs, als ich die Liste der zu meidenden Lebensmittel las, war ich in einem Zustand, den man nur als eine Kombination von leichtem Schock und großer Enttäuschung beschreiben könnte. Da ich aus halb englischen und halb holländischen Familienverhältnissen stamme, wo Käse in beiden Nationen eines der Hauptnahrungsmittel ist, habe ich vor meiner Diagnose viele verschiedene Sorten in mehr oder weniger gereiftem Zustand gegessen. Im Vergleich zu heute war die Bandbreite der Käsesorten, die ich aß, enorm. Ich hatte keine andere Wahl, als herauszufinden, was ich vertragen konnte, und mit diesen Alternativen in verschiedenen Rezepten zu experimentieren. Joghurt kann man sehr gut in ein Salatdressing umwandeln, wodurch zugleich das Essigproblem gelöst wird. Auch für Saucen ist Joghurt gut geeignet, entweder als Dip oder als Beilage zum Hauptgericht. Meine persönlichen Favoriten sind Tsatsiki mit ganz viel Knoblauch oder Quark (Topfen) mit frischen Gartenkräutern, die man entweder auf der Fensterbank oder im Garten in Töpfen bereithalten kann – sofern sie nicht von den Schnecken vorher aufgefressen werden.

In mehreren Stadien war es mir möglich, Mozzarella und etwas später Feta in meinen Speiseplan wieder einzuführen (anfangs in kleinen Portionen, nicht gleich das ganze Packet), und auch milden Gouda. Nach einem Jahr war ich auch wieder in der Lage, kleine Mengen geriebenen Parmesan (nur für den Geschmack) zu verwenden.

Man darf nicht vergessen, dass Käseprodukte auch im Kühlschrank, zwar verlangsamt, aber doch nachreifen. Je reifer der Käse, desto ungeeigneter für den Histamin-Intoleranten. Im Augenblick habe ich aufgehört, viele Käsesorten, nur für mich selbst, auf einmal zu kaufen. Ich kaufe kleine Portionen und beim nächsten Mal eine andere Sorte frisch nach.

16. Weniger gefährliche Gefilde ...
oder das kleine Labyrinth – Obst und Gemüse

Fast alle Obst- und Gemüsesorten sind histaminarm. Es gibt aber ein paar Ausnahmen. Sie werden hier auf drei verschiedene Symptomauslöser achten müssen. Diese können in Kategorien eingeteilt werden. Wenn man versucht, die wissenschaftlichen Abhandlungen und ihre Theorien durchzuackern, kann das einem das Gefühl vermitteln, als ob man den Weg durch ein Labyrinth bestreiten müsste. Hier eine hoffentlich besser verdaubare Version:

- Obst und Gemüsesorten mit höheren Histamingehalten
- Obst und Gemüse mit höheren Gehalten an biogenen Aminen, was zur Überforderung der DAO führen kann
- Obst und Gemüse, die bereits im Körper gelagertes Histamin freisetzen können.

Histaminreiches Obst und Gemüse

Die bekanntesten Gemüsesorten für generell höhere Histamingehalte sind Tomaten, Spinat, Melanzani (Auberginen), Avocados und Soja. Eine genaue Auflistung nach heutigem Wissensstand finden Sie im letzten Teil dieses Buches. Nach Ihrer Karenzphase sollten Sie alle Nahrungsmittel in diesem Kapitel vorerst einzeln austesten. Es liegt an jedem einzelnen, herauszufinden, welche Menge man von diesen Nahrungsmitteln tolerieren kann, wobei man im Falle des Aufkommens von Symptomen mit einbeziehen sollte, ob die Toleranzgrenze auch mithilfe anderer Quellen mit höheren Histamin- und biogenen Amingehalten überschritten wurde.

Wissenschaftlich Studien haben darauf hingewiesen, dass Histamin in Tomaten während ihres Reifungsprozesses produziert wird, und es könnte sein, dass manche, wenn nicht alle Früchte, die einen ähnlichen Prozess durchlaufen, auch Histamin während des Reifungsprozesses produzieren. Es liegt an den zukünftigen wissenschaftlichen Untersuchungen, dieses Phänomen zu erklären.

Ein kleiner Abstecher zu den Hülsenfrüchten und Nüssen

Untersuchungen von Erdnüssen, einem Mitglied der Familie der Hülsenfrüchte, haben ergeben, dass „Histaminkonzentrationen in rohen Erdnüssen bei 0.08-0.56nmol pro 100g liegen, im Vergleich zu 35-150nmol pro 100g bei gerösteten Nüssen". Gärungsprozesse erzeugen eine große Menge an Histamin. Das erklärt auch den Intensitätsunterschied der Symptome, selbst wenn eine Person die gleiche Menge an Erdnüssen konsumiert. Es wurde festgestellt, dass sich der Histamingehalt in Erdnüssen immer weiter erhöht, je länger man sie lagert. Sie werden selbst austesten müssen, ob Sie Erdnüsse überhaupt vertragen. Und wenn wir schon beim Thema Nüsse sind: Sie sollten zumindest während der Karenzphase auf jeden Fall Cashewnüsse und Walnüsse meiden. Diese enthalten generell höhere Mengen an biogenen Aminen. Meiden Sie auch Nüsse, die bereits zu lange gelagert wurden oder gar ranzig sind. Es ist besser, Nüsse aufzubrauchen oder Gästen als Nascherei anzubieten, bevor man sie im Küchenschrank ein oder zwei Jahre herumliegen lässt - wozu ja die meisten von uns neigen. Bewahren Sie Nüsse in luftdichten, sauberen Behältern auf und lagern Sie diese an einem dunklen und kühlen Ort.

Obst und Gemüse mit hohen biogenen Aminkonzentrationen

Bananen, Walnüsse, Birnen, Himbeeren, Papaya und Grapefruit sind für erhöhte Werte anderer biogener Amine bekannt. Diese biogenen Amine können in direktem Wettbewerb mit Histamin stehen, da die Diaminoxidase manche von diesen sogar vor dem Histamin abbaut. Das kann zu einem DAO-Defizit, in der Folge zu einem Histaminüberfluss im Körper führen. Die verschiedenen Obst- und Gemüsesorten mit höheren biogenen Aminmengen sollten nach der Karenzphase nach Bedarf individuell ausgetestet werden.

Eingelegtes Obst und Gemüse

Weitere Lebensmittel, die hohe Histaminkonzentrationen aufweisen, sind Sojaprodukte, Sojasauce, Essig, Sauerkraut, eingelegtes Gemüse und alle Lebensmittel, die einem längeren Herstellungsverfahren oder Gärungsprozess unterzogen wurden. Es gibt einige Lebensmittelherstellungsverfahren, die von der Produktion biogener Amine abhängig sind, um einen bestimmten Geschmack zu erreichen. Alle Verfahren, die bakterielle Gärungsprozesse benötigen, werden zu einer Steigerung der biogenen Amine und besonders auch Histamin führen. Alle Gemüsesorten, wie zum Beispiel Sauerkraut oder eingelegte Gurken, die mithilfe eines Gärungsprozesses hergestellt werden, haben teils exorbitant hohe Histaminwerte, auch wenn frisches Kraut und frische Gurken selbst vor einer solchen Verarbeitung sehr histaminarm sind.

Histaminfreisetzende Obst- und Gemüsesorten

Histaminliberatoren verursachen eine spontane Freisetzung des Histamins, das bereits in den Mastzellen des Körpers gespeichert ist. Tomaten und auch zitronensäurehaltige Früchte wie Kiwi und Ananas gehören zur Gruppe der Histaminliberatoren. Experten sind sich darüber uneinig, ob Erdbeeren nur Histamin freisetzen oder auch wegen des Reifungsprozesses histaminreich sind. Vielleicht ist beides der Fall, wer weiß. Es ist jedoch klar, dass Erdbeeren eine Histaminquelle sind. Deshalb sollten sie vorerst gemieden werden. Auch Papaya, Nüsse, Kakao und Schokolade gehören dieser Gruppe an.

Ich selbst habe das Problem in Angriff genommen, indem ich mich während der Karenzphase genau an die Liste des eher geeigneten Obst und Gemüses gehalten habe. Ich hielt mich an diese Regel, als ob mein Leben davon abhängen würde - hatte ja eigentlich gar keine andere Wahl. Zur gleichen Zeit musste ich sicher stellen, dass ich genug Mineralstoffe und Vitamine zu mir nahm. Hier können Diätassistenten sehr gute Ratschläge geben. Besonders am Anfang ist es sehr hilfreich, einen individuell zugeschnittenen Diätplan mit dem Diätassistenten auszuarbeiten. Je sorgfältiger Sie dabei sind, desto größer ist die Chance auf eine schnellere Linderung der Symptome.

Smoothies

Für jene, die nicht auch noch an Fruktosemalabsorption leiden, können Smoothies oder Obst- und Gemüsesaftgetränke ein großartiges Mittel sein, sich mit Vitaminen zu versorgen, besonders, wenn man in Eile ist. Wenn Sie solche Getränke frisch kaufen, erfragen Sie immer genau die Zutatenliste. Wenn Sie ein Päckchen erwerben, beachten Sie die Lebensmitteletikette. Viele Smoothies, die zum Beispiel in bestimmten amerikanischen Schnellkaffeehausketten gekauft werden können, werden neben anderen Übeltätern zum Beispiel Bananen enthalten. Bei einer meiner vielen Recherchetouren in England schaute ich einmal auf die Etikette eines sogenannten Apfel-Johannisbeer-Smoothies. Die überraschend genaue Liste gab den Inhalt als 495 Johannisbeeren, 4 Äpfel - hier haben wir's - 2 ½ Bananen an. Gerade genug, um der DAO einen kleinen Streich zu spielen. Deshalb ist es immer ratsam, lieber einmal zu viel auf die Lebensmittelzutatenliste zu blicken. Hinsichtlich dessen ist das Betrachten von Zutatenlisten in Verkaufsläden für mich schon fast eine meiner Lieblingsbeschäftigungen geworden. Hin und wieder schauen einen die Leute zwar etwas schief an, aber man gewöhnt sich schnell daran. Um zum Thema zurückzukommen, Bananen werden gerne als Süßungsmittel verwendet und auch, um den Smoothies etwas mehr Konsistenz zu verleihen. Wenn Sie sich einen Smoothie zu Hause machen wollen, können Sie ihn sich ja mit ein wenig Honig oder auch mit ein klein wenig Zucker versüßen.

Salatsaucen

Eine weitere strittige Frage ist die der Salatdressings. Da Essige eine der Hauptkomponenten des Salatdressings sind, erscheint es einem am Anfang schwierig, Salate zuzubereiten, die auch nach etwas schmecken. Aber, so wie immer, gibt es Alternativen. Es sollte Ihnen möglich sein, kleine Mengen von Zitronensaft zu tolerieren. Zitronen haben auch den enormen Vorteil, dass in ihnen eine höhere Menge an Vitamin C steckt. Wahlweise können Sie sich auch ein Dressing aus Joghurt, Sauerrahm oder Creme Fraiche mit frischen Kräutern oder Knoblauch zubereiten. Eine weitere vereinfachte Variante ist, einfach nur Olivenöl, Salz und Pfeffer zu verwenden. Dieses äußerst einfache Dressing hat mir eine liebe Patientin angeraten, die Laktoseintoleranz, Fruktosemalabsorption und zusätzlich eine Histaminintoleranz hat. Diesen einfachen Salat hatte sie Ihren Gästen beim Abendessen serviert, und diese fanden ihn absolut köstlich. Eine Kombination von Salaten und Kräutern benötigt nicht unbedingt eine saure Komponente, wenn man das gerade nicht haben will.

In den Büchern, die für den deutschen Sprachraum geschrieben wurden, werden immer wieder kleine Mengen Zitronensaft in den Rezepten angegeben. Ich kann mit ihnen nur einer Meinung sein, dass, wenn man etwas Säure für ein bestimmtes Gericht braucht, Zitronensaft, Zitronenschale, Orangensaft oder Orangenschale nach Toleranzgrenze, gegenüber Essig, Sojasauce und anderen histaminreichen Zutaten bevorzugt werden sollten. Es kommt hier sehr wohl auch auf die Menge an, und da sich der Saft im Essen verteilt, wird diese Menge nur minimal sein und sollte einem normalerweise keine Sorgen bereiten. Sollten Sie jedoch keine Zitronen, Limonen und Orangen – auch nicht in kleinen Mengen - vertragen, können Sie diese Zutaten auch durch kleine Mengen Vitamin C - Pulver, in der Apotheke erhältlich, als Alternative verwenden. Vitamin C ist nicht gerade stabil, also sollte man es erst gegen Ende der Kochzeit in die Speise geben. Auch von der Menge her sollte man sich mäßigen, da zu viel davon eventuell zu Magenproblemen führen kann – am besten mit dem Diätassistenten darüber sprechen und zusätzlich in der Apotheke beraten lassen. Weiters können Sie probieren, ob Sie als Ersatz Zitronengras oder frische Zitronenmelisse verwenden können.

17. Brot & Co.

Brot und seine Alternativen

Das „Co." steht für Kohlenhydrate, den wichtigsten Energielieferanten. Brot ist eines der bedeutendsten Elemente Ihrer Nahrungszufuhr, weil es genauso wie Nudeln, Reis, Vollkornprodukte, Zerealien (Müsli & Co.) und Kartoffeln zu den stärkehaltigen Kohlehydratzulieferern gehört. Der Körper spaltet Kohlehydrate auf, um unsere Zellen und Muskeln mit extra Kraftstoff zu versorgen.

Weizenfreie Nudeln, Reis, weizenfreies Brot oder Kekse ohne Hefezusatz, Zerealien (Müsli & Co.) und Kartoffeln aller Art sollten Ihnen keine Probleme bereiten. Diese gelten als histaminarm. Vollkornprodukte und Zerealien beinhalten schon von Natur aus einen bestimmten Hefeanteil. Dieser ist aber so niedrig, dass man ihn übersehen könnte, außer für jene, die besonders empfindlich sind, was anscheinend sehr selten vorkommt.

Beim Brot hat es zumindest in einem Punkt im Gegensatz zu früheren Verhältnissen eine Wende gegeben. Den meisten Brotprodukten wird extra Hefe zugesetzt - und das schon seit Jahrtausenden. In ihrem Originalzustand sollte Hefe kein Histamin enthalten. In der Vergangenheit konnten Brotprodukte sehr hohe Histaminwerte aufweisen, weil die Hefe selbst durch Verunreinigungen mit Bakterien in der Lage war, hohe Histaminwerte zu erzeugen. Die Bäckerhefe *Saccharomyces cerevisae* soll durch moderne Produktions- und Hygienestandards kein Histamin enthalten und nicht imstande sein, Histidin in Histamin umzuwandeln. Das wäre einmal die gute Nachricht. Sollte jedoch die Produktionsstätte des Brotes nicht einwandfrei hygienisch sein, kann es doch wieder durch Einflüsse anderer Mikroorganismen, wie Milchsäurebakterien, zu einer Erhöhung der Histaminbildung im Endprodukt kommen.

Manche der Betroffenen haben mit Brot an sich kein Problem. Es stellt sich also die Frage, ob ein oder mehrere Zusatzstoffe wie Emulgatoren, extra zugesetztem Weizengluten oder Sojaschrot, die heute in der Brotproduktion verwendet werden, Unverträglichkeit auslösen oder ob es an bestimmten anderen Bestandteilen der Rezepturen liegt. Bestimmte Brotsorten werden nämlich gar nicht vertragen und andere schon. Immerhin findet man in der „Verordnung über die Zulassung von Zusatzstoffen zu Lebensmitteln zu technologischen Zwecken" über 100 Zusatzstoffe, die in Backwaren und Lebensmitteln auf Getreidebasis verwendet werden dürfen.

In Österreich gibt es derzeit keine Pflicht, offen verkaufte Backwaren zu deklarieren. Dort gibt es in vielen Geschäften die Möglichkeit, einen Deklarationszettel zu erhalten, wo alle Zutaten aufgelistet sein sollten – im besten Fall zumindest.

In einem Interview des ORF-Journalisten Robert Gordon in der Sendung „Am Schauplatz" mit dem Titel „Das tägliche Brot" vom 25.05.2012 erklärt der Innsbrucker Ernährungsmediziner Univ. Doz. Maximilian Ledochowski folgendes: „Früher hat ein Bäcker Zeit gehabt, sein Brot herzustellen, hat seinen Teig 10, 20, 24, 48 Stunden gehen lassen können, und dadurch haben chemische Prozesse beigetragen, die giftigen oder unbekömmlichen Inhaltsstoffe abzubauen. Heutzutage muss das innerhalb von Minuten fertig sein, und für mich hat Brot sozusagen seine Unschuld verloren, seit ich sehe, was Brot für Krankheiten verursachen kann. Wenn wir von Brot reden, dann sehen wir allein hier schon... (er zeigt auf einen Brotkorb auf dem Tisch) wir haben hier eins, zwei, drei, vier verschiedene Sorten. Die Bäckerindustrie rühmt sich, über 300 verschiedene Sorten zu produzieren. Wenn immer man sie fragt, ‚Was ist drinnen?' sagen sie, Mehl, Wasser und Salz und ein bisschen Hefe oder andere Backtriebmittel, aber sonst nichts'. Also hier sagt schon der Hausverstand, dass hier eine Fülle von anderen Substanzen drinnen sein müssen, sonst kann ich ja gar nicht so eine Vielfalt von verschieden Brotsorten erzeugen." Dies veranschaulicht auch das Problem, vor dem er und seine Ärztekollegen stehen, jenen Patienten zu helfen, die wegen einer vermuteten Getreideunverträglichkeit zum Arzt pilgern.

Personen, die zum Beispiel unter einer zusätzlich diagnostizierten Weizenunverträglichkeit oder Zöliakie leiden, müssen auch diesen Faktor in ihren Diätplan einarbeiten.

Es gibt einige Produkte am Markt, die als hefefrei vermarket werden. Manche davon können sich als ziemliche Enttäuschung herausstellen. Einer der größeren Haken an diesen Produkten ist, dass auch hier Zusatzstoffe zugesetzt werden und das Ganze nur noch nach irgendeinem chemischen Gebräu schmeckt. Ich muss wohl nicht extra darauf hinweisen, dass Zusatzstoffe, mit denen man den Darm zusätzlich bombardiert, eher Schaden anrichten als Gutes tun. Also stellt sich hier die Frage: Sind diese „gesundheitsbewussten Produkte" auch wirklich so gesund, wie sie vorgeben? Oder ist es nur eine weitere Marketingstrategie, um noch mehr Geld aus der Tasche derer zu ziehen, die sowieso schon ziemlich verzweifelt sind?

Bei manchen hefefreien Produkten wird man nach genauerem Durchlesen der Lebensmittelzutatenliste ziemlich schnell feststellen, dass diese Sojamehl beinhalten, was für Histaminintolerante zumindest in der Karenzphase nicht von Vorteil ist.

Eine der möglichen Alternativen sind Sauerteigbrote, die für viele eher verträglich sind. Weitere Brot- und Backwaren, die man individuell austesten kann, sind Knäckebrot, verschiedenste Kekse, oft in Bioläden oder Bäckereien zu finden, Reiswaffeln, Maiskuchen und ungesäuertes Brot wie Matzes.

Vollkornbrot und Vollkorngebäck beliefern uns mit Energie und enthalten B-Vitamine, Vitamin E, Ballaststoffe und eine breite Menge von Mineralien. Weißbrot beinhaltet auch eine gewisse Bandbreite an Vitaminen und Mineralien, hat aber weniger Ballaststoffe als dunkle Brotsorten.

Brot ist, wie man oben sehen kann, ein sehr wichtiger Teil unserer Ernährung. Deshalb sollte es unter keinen Umständen aus dem Diätplan gestrichen werden, bevor man nicht mit dem Arzt oder einem ausgebildeten Diätassistenten gesprochen hat. Mit ihnen zusammen kann man ausarbeiten, wie man die fehlenden Komponenten durch die für einen persönlich abgestimmten Nahrungsmittel ersetzen kann.

Eigenes Brot backen

Eine weitere Möglichkeit wäre, selber zu Hause Brot zu backen. Mit ein klein wenig Übung kann man sich aus einem Basisrezept, hat man einmal den Dreh raus, sehr delikate Variationen kreieren. Versuchen Sie das Brotrezept im Rezeptteil dieses Buches einmal als erstes. Dieses Brot können Sie am Wochenende herstellen. Sie brauchen für die Vorbereitung etwa eine halbe Stunde. Eine Portion kann man am selben Tag noch essen, den Rest für die weitere Verwendung während der restlichen Woche portioniert einfrieren. Man kann es entweder eine Stunde lang auftauen lassen, oder man steckt es gleich in den Toaster - Ich selbst wählte auch diese einfache Methode zu Beginn meiner Ernährungsumstellung. Brot sollte man nicht mehrmals auftauen. Am besten ist es, das Brot gleich so frisch wie möglich zu verzehren. Eventuell kann man sich einen Brotbackautomaten zulegen und eigene Rezepte ausprobieren. Das klassische Grundrezept eines Brotes besteht aus Mehl, Wasser, Salz und Sauerteig oder Backtriebmittel. Die beste Strategie ist hier in der Testphase die verschiedenen Brotbackmethoden – ohne Backtriebmittel (z.B. Matzen), mit Weinsteinbackpulver, mit Backpulver, mit Sauerteig etc. – nach eigenem Ermessen auszuprobieren, wobei man Sauerteig an letzter Stelle ausprobieren sollte.

Eier

Bei Backrezepten werden Sie merken, dass Eier hier eine der meist verwendeten Zutaten sind. Eigelb sollte für jeden verträglich sein. Ungekochtes Eiweiß hingegen soll histaminfreisetzende Eigenschaften haben, wobei es diese Eigenschaft im gekochten Zustand verliert. Zugleich soll Eiweiß eine größere Menge Vitamin B6 beanspruchen. Vitamin B6 ist wiederum ein Koenzym, also so etwas Ähnliches wie ein Assistent der DAO. Wenn weniger von diesem assistierenden Vitamin B6 im Umlauf ist, fehlt der DAO noch eine weitere Stütze. Von einigen Instanzen wird vorgeschlagen, dass HIT-Patienten zusätzlich zur normalen Ernährung Vitamin B6 in Absprache mit dem Arzt nehmen sollten. Die Verträglichkeit von Eiern sollte man deshalb individuell austesten. Im Zweifel sollte man die Möglichkeit einer Eiallergie, das Vogel-Ei-Syndrom und eventuelle Kreuzallergien in Zusammenhang mit Eiern vom Allergologen abklären lassen.

Gluten

Um das Ganze noch ein wenig spannender zu machen, wurde in Maximilian Ledochowski's Buch erwähnt, dass Abbauprodukte des Glutens die vermehrte und rasche Freisetzung von Histamin aus den körpereigenen Zellen, den Mastzellen, verursachen kann. Mastzellen können mit Lagerungsstätten verglichen werden, die, abgesehen von anderen Substanzen, auch Histamin lagern. Unter mehr oder weniger schwerer „Glutenempfindlichkeit" leiden zum Beispiel auch Patienten mit Reizdarmsyndrom. Diese Patienten sollen mehr Mastzellen als andere Menschen in der Darmwand haben. Deshalb kann bei ihnen umso mehr Histamin auf einmal freigesetzt werden. Auch Mastozytose-Patienten, die eine sehr hohe Anzahl an Mastzellen haben, sind von diesem Problem betroffen. Bei Patienten mit HIT werden hier auch meist allergieähnliche Symptome ausgelöst, wenn plötzlich durch die Freisetzung von Histamin aus den Mastzellen zu viel von dem sonst so nützlichen Stoff in der Blutbahn herumschwirrt. Die DAO-Menge ist zu klein, um mit dem Übermaß fertig zu werden. Für alle drei Gruppen kann es von Vorteil sein, individuell für sich zu erstellen, inwieweit sie Gluten im Ernährungsplan meiden müssen. Auch Weizen steht als eines der weniger geeigneten Nahrungsmittel für HIT-Patienten zur Diskussion.

Brot sobald wie möglich wieder in den Ernährungsplan!

Sobald Sie mit der Karenzphase fertig sind, sollten Sie so schnell wie möglich festzustellen, welches und wie viel Brot und Weizenprodukte Sie vertragen können. Es ist auf keinen Fall von Vorteil, die ganze Ernährungsgruppe auszulassen, außer wenn man etwa die Diagnose einer Allergie oder einer Zöliakie erstellt bekommt.

18. Das Problem mit dem Alkohol!

Viele von uns gehen gerne am Ende eines langen Arbeitstages noch schnell ein Gläschen trinken oder genehmigen sich eines zu Hause, und auch am Wochenende lassen wir es uns dann endlich gut gehen. Bei mir selbst war es früher nicht unüblich, dass ich während des Abendessens schon ein bis zwei Gläschen Rotwein trank. Das hat sich komplett geändert. Hier ist eine sehr vereinfachte Erklärung, warum es absolut notwendig ist, jede Form von Alkohol - ganz besonders während der Karenzphase - zu meiden. Auch danach sollte man bei jedem Alkoholkonsum sehr vorsichtig sein, wenn man ausprobieren will, ob man etwas davon verträgt.

Wein, Bier und Spirituosen

Rotwein ist bekanntlich eines der histaminreichsten alkoholischen Getränke. Eine schlechte Reaktion auf nur eine kleine Menge dieses Getränks kann ein Indikator für HIT sein. Auch Weißwein und Sekt können relativ hohe Menge an Histamin aufweisen. Im Weißwein ist allgemein jedoch viel weniger Histamin als im Rotwein. Deshalb sollte er besser vertragen werden – aber nur in kleinen Mengen. In der Kategorie der Biere sollen obergärige Biere bei ihren Höchstmessungen tendenziell histaminärmer sein als die untergärigen Biere. Nach derzeitigem Kenntnisstand sind sie aber, bezüglich ihrer Symptomauslösefähigkeit zwischen Rotwein und Weißwein einzustufen - also auch nicht gerade die sicherste Auswahl für einen HITler. Es wird behauptet, dass klare Spirituosen am ehesten von allen alkoholischen Getränken verträglich sind. Das ist aber leider nicht das Ende der Geschichte über das Problem mit dem Alkohol.

Machen Sie sich keine Illusionen ... Alkohol ist gestrichen!

Es gibt da einige Faktoren, die wir uns ansehen müssen, um zu verstehen, warum Alkohol so sehr gemieden werden muss. Zu diesem Schluss bin ich natürlich nicht von alleine gekommen, hier sind die Worte der Experten:

- Alkohol steigert die Wirkung des Histamin und anderer biogener Amine, wie beispielsweise Tyramin, indem er die Blutgefäße erweitert, die Durchlässigkeit des Darmes fördert und die DAO blockiert.
- Flüssigkeiten führen zu einer höheren örtlichen Belastung des Dünndarms, weshalb die DAO schneller überfordert wird.
- Alkohol hat auch histaminfreisetzende Eigenschaften und verursacht somit die Freisetzung des bereits im Körper gespeicherten Histamins.
- Acetaldehyd ist ein histaminfreisetzendes Abbauprodukt des Alkohols und gleichzeitig ein DAO-Blocker.
- Manche alkoholischen Getränke, besonders Wein und Bier, enthalten Sulfit - in Lebensmittelzutatenlisten unter den E-Nummern E 221 - E 228 zu erkennen – entweder als Nebenprodukt oder als Zusatzstoff. Sulfite stehen unter dem schweren Verdacht, histaminfreisetzend zu sein.

Zusammengefasst lässt sich der Effekt des Alkoholkonsums bildlich vergleichen, wie wenn man die DAO-Enzyme fesselt und knebelt, vom Herrn Acetaldehyd betäuben lässt, während man Sie mit einer Flut von Histamin und Konsorten überschwemmt, die an der DAO wie gut trainierte Strolche vorbeilaufen und sich bei der Ansicht des Enzyms halbtot lachen.

Diszipliniert bleiben und dankend ablehnen

Nach meiner eigenen Diagnose kam ich schnell zu dem Schluss, dass mir Alkohol, egal welcher Art, in keiner Weise gut tat. Das war ein ziemlich harter Lernprozess. Es ging nicht nur darum, eine Gewohnheit aufgeben zu müssen. Keinen Alkohol in einer Welt zu trinken, wo Alkoholkonsum gesellschaftlich akzeptiert, in manchen Gebieten der Erde von einem sogar erwartet wird, kann einem anfangs ziemlich den Spaß verderben. Den einzigen Gefallen, den man sich hier selbst tun kann, ist, standhaft zu bleiben, sich nicht dem sozialen Druck zu unterwerfen und dankend abzulehnen. Ich gebe jedoch zu, dass ich heutzutage hin und wieder alkoholische Getränke zu mir nehme, aber nur als „Long Drink" und normalerweise mit einer klaren Spirituose wie Gin oder Wodka in kleinen Mengen. Obwohl behauptet wird, dass diese weniger symptomfördernd sind als andere alkoholische Getränke, muss ich trotzdem die Folgen ausbaden, wenn ich über meine Toleranzgrenze – die viel niedriger ist als die meiner Freunde – getrunken habe. Diese Konsequenzen sind natürlich äußerst unangenehm, und die meiste Zeit lasse ich die Finger von dem leckeren Zeug.

Abgesehen davon, dass Alkohol Ihnen in zu großen Mengen sowieso nicht gut tun wird, sollten Sie auch bedenken und berücksichtigen, dass dieser Ihre Verdauungsfähigkeiten von histaminhaltigen Speisen, auch wenn nur wenig Histamin drinnen ist, untergraben wird. Ihre Histaminabbaufähigkeit wird so lange vermindert, oder zumindest schwer eingeschränkt sein, bis sich Ihre DAO wieder bis zu einem gewissen Maß erholen konnte. Wenn Alkohol, dann am besten überhaupt erst nach dem Essen.

Alkoholfreie Getränke

Im Vergleich zu den alkoholischen Getränken gibt es bei den alkoholfreien Getränken viel mehr Möglichkeiten. Die meisten sollten kein Problem darstellen. Passen Sie auf, dass keine Sulfite drinnen sind. Diese werden vielen Getränken als Antioxidationsmittel oder als Konservierungsmittel zugesetzt. Manche Energy Drinks sind nicht geeignet, da sie Theobromin enthalten, welches ein DAO-Blocker ist. Theobromin ist auch in Matetee und Kakao oder Schokolade enthalten.

Wasser

Im Wasser ist kein Histamin. Trinken Sie am besten gleich morgens nach dem Aufstehen ein Glas Wasser, um in den Tag zu starten und eine Dehydrierung zu verhindern. Es ist leicht, sich dies zu einem Teil der Morgenroutine zu machen.

Tee, Kaffee und Kakao

Noch ein bisschen schwieriger war es für mich, zumindest für eine Weile, mit dem schwarzen Tees aufzuhören. Ich trank davon mindestens vier Tassen am Tag. Bei Kaffee, Kakao und schwarzem Tee versteckt sich der Hund im Koffein, einer alkaloiden Droge, die psychoaktiv ist und besonders stimulierend auf das Nervensystem wirkt. Immerhin mögen wir den Kaffee gerade deshalb so gerne. Koffein wird zur Förderung des Wachzustandes und zur Belebung der geistigen Aktivität genutzt. Das Genussmittel verfügt auch über eine harntreibende Wirkung, und in zu großen Mengen kann es Kopfschmerzen verursachen. Das Koffein wird als Zusatzstoff in Medikamenten mit Aspirin und Codein verwendet, um ihrer tendenziell ermüdenden Wirkung entgegenzuwirken. Leider kann Koffein wegen seiner stimulierenden Fähigkeiten auch jene Symptome fördern, die durch die Histaminintoleranz ausgelöst werden. Nach der Karenzphase können Sie eventuell mit Rücksicht auf Ihre restliche Ernährungstoleranzgrenze austesten, wie viel Kaffee oder koffeinhaltigen Tee Sie zusätzlich noch vertragen. Anfangs sollte man aber lieber koffeinfreie Produkte ausprobieren.

Andere Heißgetränke

Unter normalen Umständen sollten Kräutertees und Früchtetees ohne schwarzen Tee und Früchte, die weniger geeignet sind, für ziemlich jeden verträglich sein. Welche Früchtetees Sie vertragen, müssen Sie selbst nach und nach austesten. Da die Früchte in Tees auch einen gewissen Herstellungsprozess durchlaufen haben, kann durch die Gärung auch hier eine gewisse Menge, wenn auch wenig, an Histamin enthalten sein. Sollten Sie einen Garten haben, können Sie auch dort einen Topf mit Minze hinstellen. Minze sollte man jedoch nicht direkt in die Gartenerde pflanzen. Diese leckere Pflanze hat die Unart, sich unkontrollierbar im Garten zu verbreiten, wenn sie nicht in einen Topf eingesperrt wird. Nehmen Sie sich ein kleines Büschel Minze und zerdrücken Sie dieses etwas mit einem Mörser. Stecken Sie die zerdrückte Minze in eine Tasse, vielleicht mit etwas Zucker, wenn erlaubt. Mit etwas heißem Wasser aufgießen und kurz, je nach Minzart, ziehen lassen. Es ist dem Original am nächsten. Ganze Nationen schwören auf heißen, süßen frischen Pfefferminztee, warum sollten wir uns also nicht eine Scheibe von Ihrer Erfahrung abschneiden?

Säfte und Limonaden

Natürlich sollten Sie alles, was nach einem chemischen Gebräu aussieht, meiden. Manche alkoholfreie Getränke können auch Koffein und Benzoate enthalten, also schauen Sie genau auf die Zutatenliste. Fruchtsäfte sollten verträglich sein, sofern sie keine Früchte enthalten, die weniger geeignet sind, wie zum Beispiel Tomatensaft, Erdbeeren, Kiwi, Ananas etc. Das Gleiche gilt für Joghurtgetränke, Milkshakes und Smoothies (siehe oben). Wenn Sie einige Ihrer Favoriten meiden mussten, können Sie versuchen, diese nach der Karenzphase individuell auszutesten.

19. Medikamente, Zusatzstoffe, E-Nummern und andere Übeltäter

Inhaltsstoffe in bestimmten Medikamenten

Bestimmte Substanzen in manchen Medikamenten können für HIT-Betroffene unerwünschte Nebenwirkungen auslösen. Wissenschaftler der Universität Bonn haben eine Liste dieser Substanzen erstellt. Manche Arzneimittel mit diesen Inhaltsstoffen können die Aktivität der Diaminoxidase (DAO) negativ beeinflussen, und manche wurden als Histaminliberatoren identifiziert. Die ungemein große Anzahl von bisher 94 Substanzen wurde als DAO-Störer identifiziert.

Die folgenden Beispiele von häufig verwendeten Arzneimittelinhaltsstoffen können eine hemmende Wirkung auf die DAO oder in manchen Fällen auch histaminfreisetzende Wirkung haben. Diese mögen wie eine lange Liste von unaussprechlichen Namen erscheinen. Sie sind aber äußerst wichtig, wenn Sie auf der Packungsbeilage nachprüfen möchten, ob Ihnen ein Medikament verschrieben wurde, welches eine oder mehrere dieser Substanzen beinhaltet. Es ist auch wichtig, diese Informationen bei Spitalsbesuchen mit sich zu nehmen:

Beispiele von Substanzen und Ihre Anwendungsgebiete

Acetylcystein – Dieser Stoff wird allgemein zur Behandlung von Atemwegserkrankungen eingesetzt, weiters bei Patienten mit Paracetamol-Vergiftung. Manche Medikamente mit diesem Inhaltstoff werden zur Abwendung von Leberschäden bei der Verabreichung von Kontrastmitteln in der Röntgendiagnostik verwendet.

Ambroxol – Kann als Teil einer Therapie für Bronchitis eingesetzt werden.

Aminophyllin – wird weitverbreitet zur Erweiterung der Atemwege bei der Behandlung von asthmatischen Erkrankungen und in manchen Fällen von chronischen obstruktiven Lungenerkrankungen eingesetzt. Solche Erkrankungen sind auch als chronisch obstruktive Bronchitis oder Lungenemphyseme, welche zu Atemnot führen, bekannt.

Amitriptylin – Dieses Arzneimittel wirkt auf die Nervenzellen im Gehirn und ist ein Antidepressivum mit leicht beruhigender Wirkung. Es kann auch zur Behandlung nächtlichen Bettnässens bei Kindern eingesetzt werden.

Cimetidin - Ein Antihistaminikum (H2 Antagonist), welches zur Behandlung von Geschwüren, Magengeschwüren, Sodbrennen, Reflux und anderen Verdauungserkrankungen eingesetzt wird. Das Medikament wird auch zur Behandlung der systemischen Mastozytose angeboten.

Chloroquin – Arzneimittel hauptsächlich zur Behandlung und Prävention von Malaria, wird aber auch zur Behandlung von rheumatischer Arthritis und Lupus erythematodes eingesetzt.

Clavulansäure – Arzneimittel, das oft in Zusammenhang mit bakteriellen Infektionen verwendet wird.

Isoniazid – Antibiotikum zur Behandlung von Tuberkulose, normalerweise in Kombination mit anderen Medikamenten.

Metamizol – ist ein entzündungshemmendes, fiebersenkendes Schmerzmittel aus der Gruppe der nicht-steroidialen Entzündungshemmer (NSAIDs). NSAIDs werden häufig während und nach Operationen verabreicht.

Metoclopramid – wird zur Minderung von Übelkeit und zur Vorbeugung des Erbrechens, besonders bei Magen-Darm-Erkrankungen eingesetzt.

Propafenon – wird oft bei der Behandlung von Herzrhythmusstörungen verabreicht.

Verapamil- findet seinen Einsatz bei primärer Hypertonie (erhöhtem Blutdruck ohne erkennbare Ursache), Angina und Herzrhythmusstörungen.

Histaminliberatoren/freisetzer

Bei den als Arzneistoff verwendeten Opiaten Codein und Morphin wurde eine histaminfreisetzende Wirkung nachgewiesen. Dies gilt auch für Kontrastmittel. Wissenschaftler sind zu dem Schluss gekommen, dass, wenn eine Nebenwirkung von Kontrastmitteln fast gänzlich durch Antihistamine (sowie H1- und H2-Rezeptorblockern) unterdrückt werden kann, dies ein Hinweis dafür ist, dass der Grund für eine Kontrastmittelunverträglichkeit entweder eine erhöhte Histaminfreisetzung oder die Unfähigkeit des Patienten, den Überschuss an freigesetztem Histamin abzubauen, sein kann.

Der Angstfaktor und der Einfluss von Stress

Ein weiterer Aspekt, den man berücksichtigen sollte, ist, dass Personen, die sich in einer stressigen Situation befinden oder auch Angst vor einer auf sie zukommenden Situation haben, eine höhere Menge an Histamin im Körper freisetzen. Das ist normalerweise eine positive Reaktion, ein Teil der körperlichen Abwehrreaktion. Den HIT-Betroffenen kann das aber zusätzliche Probleme bereiten. Mit hoher Wahrscheinlichkeit werden sie die so unerwünschten Symptome verspüren. Jeder Mensch hat seine eigene Art, mit Stress umzugehen. Es gibt da draußen in der großen weiten Welt zahllose Methoden. Die beste Strategie für Sie ist, herauszufinden, was Ihnen ganz persönlich am wohlsten tut. Etwas, das Sie alleine zu Hause machen oder auch mit Freunden unternehmen können, ob Yoga, Tai Chi, mit dem Hund spazieren gehen, Atemübungen oder Autogenes Training. Hauptsache, es tut gut, und der Stress wird reduziert. Entspannen Sie sich einmal am Tag, besonders vor dem Schlafengehen. Während Sie schlafen, nehmen die Histaminwerte auf natürliche Weise ab. Histamin ist auch für die Regulierung des Schlaf/Wach-Rhythmus verantwortlich. Wenn Sie schlafen, reduziert sich auch die Histaminaktivität im Gehirn. Histamin befindet sich in einem Teil des Gehirns namens Hypothalamus. Dort wird, abgesehen von einigen anderen Funktionen, Hunger, Durst, Temperatur, Müdigkeit und Schlaf kontrolliert. Das Histamin befindet sich in Zellen, von wo aus es in alle Teile des Gehirns freigesetzt werden kann. Beim Schlaf-Wach-Rhythmus ist es so, dass das Histamin durch verschiedene Einflüsse anderer Systeme beim Aufwachen schnell, bei Müdigkeit und in Ruhephasen langsamer und in der Nacht während der REM-Phase ganz aufhört freigesetzt zu werden.

Histaminintoleranz und Reisekrankheit (Seekrankheit)

In einer sehr komplexen Auseinandersetzung mit diesem Thema hat Univ. Prof. Dr. Reinhart Jarisch, Leiter des Floridsdorfer Allergiezentrums in Wien, behauptet, dass Histamin die *primäre Ursache der Seekrankheit"* ist. Sollte dies stimmen, dann hat diese Aussage für HIT-Betroffene große Relevanz in Hinsicht auf Reisepläne, besonders Bootsfahrten. Einige Therapieformen werden vorgeschlagen, wobei die allgemeine Placeborate bei Medikamenten mit 30 Prozent angegeben wird. In einer Studie soll das Antihistamin Cinnarizin, welches normalerweise bei Tinnitus (Störung der Hörfunktion), Vertigo (Schwindel) und Reisekrankheit eingesetzt wird, die beste Erfolgsquote erreicht haben. Der Nachteil bei diesem Medikament kann zum Beispiel die Nebenwirkung von Müdigkeit, Zittern und Muskelsteifheit sein. Um einer Seekrankheit entgegenzuwirken, schlägt er weiters vor, in der Mitte des Schiffes zu bleiben, wo am wenigsten Bewegung stattfindet, und in Fahrtrichtung zu schauen, da optische Impulse bei Seekrankheit auch eine Rolle spielen. Die betroffene Person kann zusätzlich vor der Schiffsfahrt 2g Vitamin C einnehmen und im Falle einer einsetzenden Seekrankheit zusätzlich 500 mg Vitamin C in Form von Kautabletten, da Vitamin C den Abbau von Histamin unterstützt. Eine zusätzliche Methode, wie bereits erwähnt, ist, sich einen ruhigen Ort zu suchen, um sich zu entspannen, und wenn möglich, etwas zu schlafen.

Dies könnte eine Erklärung dafür sein, warum ich selbst auf kleineren Schiffen seekrank werde, auch wenn der Seegang nicht gerade sensationell hoch ist. Ich war gerade auf einem Dreh für einen Dokumentarfilm in der Türkei und hatte diese Theorie vergessen... verdrängt... was auch immer. Wir waren gerade einmal zehn Minuten lang auf See, als wir das Boot anhielten, um zu filmen. Das Boot schunkelte leicht von einer Seite auf die andere. Wir mussten das Seefahrzeug drehen, um es in die richtige Position zu bringen, damit wir den Fernsehmoderatoren und Archäologen Neil Oliver beim Rudern in einem kleinen Boot filmen konnten. Während dieser ganzen Prozedur fing mir an, schlecht zu werden, und der Geruch der Abgase aus dem Auspuff des Schiffs, auf dem ich mich befand, schien es nur noch schlimmer zu machen. Ich setzte mich hin. Das half gar nicht. Ich fragte den Kapitän, ob es einen Platz in der frischen Luft gäbe, wo ich mich hinlegen könnte, und der wurde mir sofort zur Verfügung gestellt. Es dauerte nicht lange, bis mein Körper sich automatisch ausschaltete und ich einschlief. Ich bekam nicht einmal mit, wie das Schiff wieder in den Hafen einfuhr, obwohl der laufende Motor einen Heidenlärm machte. Ich muss mindestens eine Stunde geschlafen haben. Als wir im Hafen ankamen, weckten mich meine Kollegen auf. Anfangs waren sie ein wenig besorgt, was aber schnell in gut gemeintes Kichern auf meine Kosten umschlug, als sie sahen, dass es mir gut ging. Das Interessanteste an diesem Vorfall ist, dass es mir wirklich gut ging, sobald ich aufwachte. Es war fast schon so, als wäre mir nie schlecht gewesen. Der Zusammenhang wurde mir erst viel später klar. Die Ursache der Seekrankheit wird auch in Zukunft für einige Diskussionen sorgen. Ich kann auch nicht mit Sicherheit sagen ob meine Histaminintoleranz direkt mit diesem Vorfall in Verbindung steht. Tatsache ist: Ich habe Histaminintoleranz, ich war damals seekrank, ich ging schlafen, und es half.

Was bedeutet das für den Patienten?
Warnhinweis!!!

Sollten Sie ein Patient sein, der unter medikamentöser Behandlung steht, und sollten Sie entdeckt haben, dass Sie eine der in diesem Buch stehenden Substanzen einnehmen, dann **müssen** Sie zuerst mit Ihrem Arzt darüber sprechen und sich beraten lassen, **bevor** Sie irgendeine Änderung vornehmen, egal welche es auch ist. Sie **müssen** zuerst Ihren Arzt oder Facharzt hinzuziehen, **bevor** Sie sich entscheiden, ein Medikament abzusetzen oder auf ein anderes Arzneimittel umsteigen. Ansonsten laufen Sie Gefahr, sich Schaden zuzufügen. Ihr Arzt sollte überprüfen können, ob ein bestimmtes Medikament Ihnen mehr schadet als hilft. Sollten Sie Zweifel haben, machen Sie den Arzt aufmerksam und reden Sie mit ihm über mögliche Nebenwirkungen, oder lassen Sie sich zu einem Spezialisten überweisen.

Hier ist ein kleiner Teil dessen, was Dr. Reinhart Jarisch in seinem Buch über Histaminintoleranz in Zusammenhang mit folgenden Situationen schreibt.

Im Bezug auf Kontrastmittel:

„... .*Für den Patienten ist es naturgemäß wichtig über eine allfällige Histamin- Intoleranz Bescheid zu wissen und diese dem Arzt auch mitzuteilen. Darüber hinaus ist das Einhalten einer histaminfreien Diät 24 Stunden vor der Untersuchung zur Minimierung der Histamin-Belastung sinnvoll. Im Falle einer Histamin-Intoleranz ist mit dem Radiologen Rücksprache bezüglich entsprechender Prämedikation durch H1- und H2-Rezeptorblocker zu halten. ...*“

Im Bezug auf chirurgische und zahnärztliche Operationen:

Zu diesem Thema bespricht er die Kombination von Angst und Schmerz, die zu einem starken Histamin-Anstieg führen. Auch Einschnitte durch Skalpelle führen zu einer Freisetzung des körpereigenen Histamins. Er stellt fest, dass ... "*Histamin durch dramatische Ereignisse erhöht freigesetzt wird, das heißt, jeder Schlag auf den Körper, jeder Unfall, jede Unfallverletzung, aber auch das Ansetzen des Skalpells am Beginn eines operativen Eingriffes führt zu einer erhöhten Histamin-Freisetzung. ...*" Er verweist weiters darauf: „*Im Rahmen von chirurgischen Operationen ist der Anästhesist immer wieder mit Blutdruckabfall und Atemproblemen konfrontiert....*"

Beim Zahnarzt „ ... *kommt es immer wieder vor, dass Patienten nach dieser (Lokalanästhetika) Injektion einen Kreislaufkollaps erleiden... . Nun wird dies meist dem Lokalanästhetikum zugeschoben und eine Allergie auf Lokalanästhetika vermutet. Die allergische Reaktion auf Lokalanästhetika ist grundsätzlich möglich aber selten. ..."*, nach Meinung dieses Arztes.

Er rät dem untersuchenden Arzt, nicht nur abzuklären, ob der Patient Allergien, sondern auch, ob der Patient eine Histaminabbaustörung haben könnte. Weiters kann dem Patienten mit der Vergabe eines H1-Rezeptorblockers geholfen werden. Der Patient selbst kann einer Symptomminderung beitragen, indem er sich 24 Stunden vor der Operation oder dem Zahnarztbesuch auf eine möglichst histaminarme Diät begibt, und weiters seine Angst durch Entspannungstechniken, z.b. autogenes Training unter Kontrolle bringt.

Nahrungsmittel in Spitälern

Manche Patienten könnten das Glück haben, in einem Spital zu landen, in dem die Qualität der Leistung und der Nahrungsmittel einen höheren Standard erreichen. Einige von uns wissen jedoch nur zu gut, wie die wirkliche Welt in diesen Institutionen aussieht, und es ist auch bekannt, dass manche Patienten dort sogar das Essen verweigern. Ein Journalist in Großbritannien, der auf seinem Internet Blog namens „Notes from a hospital bed" (Berichte aus einem Spitalsbett) seit August 2009 über das katastrophale Essen berichtet, hatte an einem bestimmten Punkt sogar seine Leser aufgefordert, die von ihm fotografierten Gerichte zu identifizieren. Hier berichtet er, dass Leute, die gefragt werden, wahrhaftig nicht erraten können, aus welchen Zutaten manche Gerichte bestehen. Wenn man sich die Bilder ansieht, verwundert einen das auch nicht. Am unglaublichsten ist, dass in Großbritannien mittlerweile bereits Fast Food Restaurants und Kaffeehausketten Einzug in Spitälern gehalten haben, gerade an den Orten, wo Fast Food und vorgefertigte Produkte das letzte sein sollten, was den Patienten angeboten wird. Für den Patienten mit Histaminintoleranz stellt dieser

Zustand einige Hürden dar. Patienten mit Histaminintoleranz müssen mit histaminarmen Gerichten versorgt werden, da die Spitäler in diesem Fall dem Patienten Schaden zufügen, ja sogar sein Leben in Gefahr bringen können. In vielen Institutionen wird keine frische Ernährungsauswahl geboten, alleine schon deshalb, weil das Wissen nicht vorhanden ist oder auch das Thema einfach ignoriert wird. Im Moment ist die einzig passable Lösung der Verlass auf Familie und Freunde, die ein frisches Essen zum Spitalsbett bringen. Ohne Frage ist diese Art von Lösung nicht akzeptabel. Es wird einige Informationskampagnen brauchen, bis sich annehmbare Änderungen ergeben.

Zukunftsgedanken

Ein Vorschlag wäre, in Zukunft diejenigen mit einem HIT-Pass auszustatten, die mit dieser Erkrankung diagnostiziert wurden. Ein Pass, der dem für Diabetes-Patienten sehr ähnlich ist. Er würde betroffenen Patienten eine große Hilfe sein, wenn Sie zur Untersuchung oder für eine Operation in ein Spital müssen, wenn Sie zum Beispiel Kontrastmittel verabreicht bekommen. Dieser Pass wäre auch sehr wichtig, wenn der Patient einen Unfall hat und deshalb nicht in der Lage ist, dem behandelnden Arzt wichtige Informationen wie diese zu vermitteln. Noch besser wäre es, wenn alle Fachkräfte und Spitäler die nötigen Informationen und auch die Liste der zu meidenden Medikamente in ihrem System hätten, sodass den Patienten schon von vornherein keine symptomauslösenden Medikamente verschrieben werden. Es gibt ja in den meisten Fällen Ausweichmöglichkeiten.

Lebensmittelzusatzstoffe

Auf eine weitere Form der Histaminfreisetzung in Zusammenhang mit Nahrungsmitteln wurde durch Recherchen über Mechanismen von Unverträglichkeiten in Verbindung mit Lebensmittelzusatzstoffen hingewiesen. Man vermutet, dass Azofarbstoffe (stickstoffhaltig) wie Tartrazin und Konservierungsmittel wie Benzoate, Sorbate und möglicherweise auch Sulfite (gerne als Zusatzstoff für Wein verwendet) eine histaminfreisetzende Wirkung haben, obwohl es noch unklar ist, wie diese Freisetzung zustande kommt. Weitere Substanzen, die eine histaminfreisetzende Wirkung haben, sind zum Beispiel Glutamate und Nitrite. Viele der Stoffe werden als Geschmacksverstärker verwendet. Zu meidende E-Nummern

Folgende sind Beispiele jener Zusatzstoffe, die wegen ihrer histaminfreisetzenden Wirkung genannt werden und daher zumindest während der Karenzphase in Form von Zusatzstoffen gemieden werden sollten:

- Lebensmittelfarbstoffe (E 100 - 104, 120, 123, 127,128,131,132)
- Benzoesäure und Sorbate (E 200 – 203)
- Benzoate und PHB-Ester (E 210 - 219)
- Schwefeldioxid und Sulfite (E 220 - 228)
- Glutaminsäure und Glutamate (E 620 - 625)

Sehen Sie sich die Lebensmittelkennzeichnung genau an (auch wenn das für Sie bedeutet, die Lesebrillen oder sogar eine Lupe aus der Tasche holen zu müssen), und stellen Sie das zurück, wo diese Zusatzstoffe enthalten sind! Bedenken Sie aber: Es kommt auf die Menge an, die Sie vertragen. Kleine Mengen, die natürlicherweise in Lebensmitteln vorkommen, sollten vertragen werden. Noch besser und weniger frustrierend ist es, wenn man frische nicht vorgefertigte Produkte kauft und sich selbst etwas kocht. Dann wissen Sie eher, was drinnen ist. Wenn ich das kann, dann können Sie es sicherlich auch!

Ausführlichere Liste und allgemeine Informationen über zu meidende Zusatzstoffe

Diese Liste erhebt keinen Anspruch auf Vollständigkeit und wird mit höchster Wahrscheinlichkeit nach einiger Zeit nicht mehr auf dem neuesten Stand sein. Sie wurde nur zusammengestellt, um einen Überblick zu geben und etwas mehr Klarheit zu schaffen.

Lebensmittelfarben:

E 100 Kurkumin – Naturfarbstoff, orangegelb. In der Gelbwurzel vorkommend mit stark entzündungshemmender, antioxidanter, antiviraler und antimykotischer Wirkung hat. Verwendung z.b. in einigen Senfsorten, Margarinen, Schmelzkäse, Kuchenprodukten, Limonaden, Curry Pulver....

E 101 Riboflavin - Vitamin B2, gelb. Ist ein natürlicher Bestandteil mancher Nahrungsmittel. Es ist für alle Flavoproteine wichtig. Wichtig für eine große Bandbreite von zellularen Prozessen. Obwohl sie in natürlichen Nahrungsmitteln, zum Beispiel in Milch, vorkommen, werden sie mit Hilfe von Hefe auch kommerziell hergestellt. Verwendungsbeispiele: Babynahrung, Nudeln, Cerealien, Nudelsaucen, Schmelzkäse.... Unterversorgung kommt eher vor als eine Überdosierung.

E 101a Riboflavin-5'-Phosphat - ein Abkömmling der E 101, der aber besser wasserlöslich ist.

E 102 Tartrazin – synthetischer Azofarbstoff, zitronengelb. Sollte von Asthmatikern und Personen mit Azetylsalizylsäureunverträglichkeit (wegen dem Wirkstoff Acetylsalicylsäure) gemieden werden. E 102 ist in Norwegen verboten, in Österreich und Deutschland wurde das Verbot bei der EU-Angleichung aufgehoben, in Großbritannien ist die Verwendung des Farbstoffs erlaubt. Weitere bekannte Nebenwirkungen: Verdauungsstörungen und immunologische Reaktionen – verschwommenes Sehen, Schlafstörungen, allgemeine Schwäche, Juckreiz, Beklemmung, Hautausschläge.

E 104 Chinolingelb – synthetischer Farbstoff, grüngelb. In Australien, Japan, Norwegen und USA verboten (wird als Auslöser von Dermatitis vermutet). Bekannter Histaminliberator. Verwendung in Hustenbonbons, Kartoffelchips, einigen Süßspeisen, Brausen, Schmelzkäse und Nahrungsergänzungsmitteln.... .

E 120 Echtes Karmin, Karminsäure, Cochenille – Naturfarbstoff für die Farben Scharlachrot, Orange und Rottöne.
Purpurroter Farbstoff, der aus Cochenilleschildläusen gewonnen wird. E 120 kann Reaktionen wie Nesselausschlag, Herzvorhofflimmern und anaphylaktischen Schock hervorrufen. Verwendungsbeispiele: In vielen süßen Produkten (Marmeladen, Süßigkeiten,...), Limonaden, Fruchtsäften und Spirituosen, Wurstprodukten, Käse mit Rotfärbung....

E 123 Amarant – synthetischer Farbstoff, dunkelrot.
In den USA und Russland ist der Farbstoff verboten, in Österreich nach der EU-Angleichung wieder erlaubt, in Deutschland begrenzt zugelassen. Reaktionen: Kann Nesselsucht, Asthmaanfälle und Ekzeme auslösen. Krebserregend? Es besteht Uneinigkeit darüber, ob der Stoff krebserregend ist. Verwendungsbeispiele: Weine, Liköre und Spirituosen und Fischrogen....

E 127 Erythrosin – synthetischer Farbstoff, Kirsch/Rosarot.
Darf in Deutschland nur beschränkt eingesetzt werden. In Norwegen und den USA verboten. Steht unter dem schweren Verdacht, die Schilddrüsenfunktion zu beeinflussen und bei manchen Menschen Lichtempfindlichkeit auszulösen. Verwendungsbeispiele: Wird als Zusatzstoff für Cocktailkirschen, kandierten Kirschen und Obstkonserven verwendet.

E 128 Red 2G – roter Azofarbstoff, dessen Abbauprodukt Anilin als krebsverursachend gilt. Der Farbstoff wurde in einigen Ländern inklusive der ganzen EU verboten. E 128 war vorher zum Beispiel zur Verwendung in bestimmten Fleischprodukten zugelassen.

E 131 Patentblau V – synthetischer Tryphenylmethanfarbstoff, hellblau.
In Australien und USA verboten. Obwohl es kaum vom Körper resorbiert wird, können folgende allergische Reaktionen ausgelöst werden: Hautreizungen, Übelkeit, niedriger Blutdruck, Zittern, Atembeschwerden, anaphylaktischer Schock. Verwendungsbeispie-

le: Am häufigsten findet man E 131 in Süßwaren wie Eis, Bonbons und Kuchen, aber auch im essbaren Überzug von Käse und Wurstwaren. Wird auch in Färbetabletten zum Nachweis von Zahnbelag verwendet.

E 132 Indigotin I – natürlicher, doch leicht veränderter Farbstoff, dunkelblau. Der natürliche Stoff wird aus Indigopflanzen gewonnen und chemisch verändert. In Norwegen verboten. Reaktionen: Bluthochdruck, Atembeschwerden, Hautreizungen. Verwendungsbeispiele: Ist auch in Medikamenten enthalten. Weiters wird der Stoff einigen süßen Speisen und manchen Likören zugesetzt.

Konservierungsmittel:

E 200 Sorbinsäure – sollte nicht mit Ascorbinsäure (Vitamin C) verwechselt werden! Kommt in Vogelbeeren (Sorbus Aucuparia) vor. Hat eine antimikrobielle Wirkung (verhindert Schimmel-, Hefe-, und Pilzwachstum). Reaktionen: Kann in seltenen Fällen Haut und Schleimhäute reizen. In Australien verboten. Verwendungsbeispiele: In Fischprodukten, gefrorener Pizza, süßem Joghurt, Produkten mit Früchten, verschiedenen Käse- und Fleischprodukten, Wein.

E 201 Natriumsorbat – Natriumsalz der Sorbinsäure (E 200). Hemmende Wirkung von Hefe- und Schimmelwachstum. Wegen seine Instabilität kaum verwendet. In der EU nicht mehr zugelassen und aus der Liste der zugelassenen Zusatzstoffe entfernt. Steht unter Verdacht, Erbgutveränderungen auszulösen. Verwendung in Käseprodukten.

E 202 Kaliumsorbat – Salz der Sorbinsäure E 200. – Besser löslich als Sorbinsäure. Reaktionen: Kann allergieähnliche Symptome auslösen. Vielfältig verwendet: In Milchprodukten, Getreideprodukten, zur Verhinderung von nachträglichen Gärungsprozessen in Wein und Obstsäften.

E 203 Calciumsorbat – Salz der Sorbinsäure E 200. – Reaktionen: Kann allergieähnliche Symptome auslösen. Verwendungsbeispiele: Meist gegen Schimmelpilzbildung und gegen Nachgärung in Obstsäften. Wegen seiner guten Eigenschaften, Lebensmittel langfristig haltbar zu machen, auch in vielen anderen Lebensmitteln eingesetzt.

E 210 Benzoesäure – künstlich hergestellt, kommt in der Natur in Preiselbeeren, Heidelbeeren, Pflaumen, Zimt, Nelken und Pilzen vor. Preiselbeeren haben einen sehr hohen Anteil an Calciumbenzoat.

Schimmel-, Hefe,- und Bakterienwachstumshemmer, der in säurehaltigen Lebensmitteln verwendet wird. In der EU-Richtlinie 67/548/EWG als gesundheitsschädlich eingestuft, aber trotzdem mit Auflagen als Zusatzstoff erlaubt. Reaktionen: Irritationen der Magenschleimhaut und Asthma. Steht auch unter dem Verdacht, neurologische Störungen verursachen zu können. Verwendungsbeispiele: Bier, Obstsäfte, Marmeladen, Margarine, saure Konserven… .

E 211 Natriumbenzoat – künstlich hergestellt, Salz der Benzoesäure E 210.

Antibakterielle und antimykotische Wirkung in säurehaltigen Produkten. Reaktionen: Asthma, Empfindlichkeit gegenüber Azetylsalizylsäure. Verwendung: Säurehaltige Konserven, Fruchtkonzentrate, Käseprodukte… .

E 212 Kaliumbenzoat – künstlich hergestellt, Salz der Benzoesäure E 210.

Antibakterielle und antimykotische Wirkung. Reaktionen: Asthma, Urtikaria (Nesselsucht), leichte Haut-, Augen-, und Schleimhautirritationen. Verwendungsbeispiele: Obstsäfte, Limonaden, Margarine, Oliven, säurehaltige Konserven… .

E 213 Calciumbenzoat – künstlich hergestellt, Salz der Benzoesäure E 210. Reaktionen: Asthma, Heuschnupfen, Nesselsucht, Ausschläge. Kopfschmerzen, Verdauungsstörungen. Verwendung: Konservierungsmittel für viele Getränke, kalorienarme Produkte, Zerealien und Fleischprodukte.

E 214 Ethyl-p-hydroxybenzoat (PHB-Ester) – künstlich hergestellt. In Verwendung wegen seiner hemmenden Wirkung auf Hefe und Schimmel. Gegen Bakterien nicht effektiv. Reaktionen: Bei manchen Personen können die Ester der Benzoesäure Histamin freisetzen und Unverträglichkeitreaktionen hervorrufen. In Frankreich und Australien verboten. Verwendungsbeispiele: Marmeladen, Füllungen in Backwaren Marinaden....

E 215 Natriumethyl-p-hydroxybenzoat - Natriumsalz des PHB-Ester. In manchen Ländern als krebserregender Zusatzstoff verboten, in der EU erlaubt. Reaktionen: wie bei E 214. Bekannter Histaminliberator.

E 216 Propyl-p-hydroxybenzoat - wurde aus der Liste der zugelassenen Zusatzstoffe nach ihren E-Nummern entfernt. Steht unter Verdacht, bei Föten und kleinen Kindern Einfluss auf das Sexualhormon zu haben und zu einer Feminisierung zu führen. Weiters besteht der Verdacht der Krebsgefährdung durch E 216.

E 217 Natriumpropyl-p-hydroxybenzoat - wurde aus der Liste der zugelassenen Zusatzstoffe nach ihren E-Nummern entfernt. Siehe E 216.

E 218 Methyl-p-hydroxybenzoat – ist in der EU als Zusatzstoff zugelassen, jedoch in der Richtlinie 67/548/EWG des European Chemical Bureau als gesundheitsschädlich eingestuft. Reaktionen: Verdacht der histaminfreisetzenden Wirkung, Asthma, Nesselsucht. Verwendungsbeispiele: Alkohol, Speiseeis, Getreideprodukte, marinierte Produkte, Mayonnaise, Marzipan....

E 219 Natriummethyl-p-hydroxybenzoat – siehe E 218

E 220 Schwefeldioxid – schwefelige Säure. Personen mit einer zusätzlichen Sulfitunverträglichkeit sollten E 220 – E 228 meiden.

Wird als Konservierungs- und Desinfektionsmittel verwendet, hemmt Pilze, Bakterien und Hefen und wirkt keimabtötend. Ist in der EU als Zusatzstoff zugelassen, jedoch in der Richtlinie 67/548/EWG des European Chemical Bureau als giftig eingestuft. Zerstört Vitamin B1 und E. Reaktionen: Asthma, Nierenversagen, Allergien oder allergieähnliche Symptome. In höheren Konzentrationen kann es Verdauungsstörungen fördern. Verwendungsbeispiele: Um Vitamin A und C zu stabilisieren, als Bleichmittel für Mehl und Kartoffelgerichte, als Konservierungsmittel für Trockenfrüchte, getrocknete Tomaten, in einer großen Bandbreite säurehaltiger Produkte….

E 221 Natriumsulfit – Salz der schwefeligen Säure E 220. Verwendet als Stabilisator oder Antoxidansmittel. E 221 kann den Vitamingehalt in Lebensmitteln vermindern. Reaktionen: siehe E 220. Verwendungsbeispiele: Um die Braunfärbung von Kartoffelteig zu verhindern, Bleichmittel für Zucker, weiters für Produkte mit Früchten und Getreideprodukten verwendet….

E 222 Natriumhydrogensulfit – kann den Vitamingehalt in Lebensmitteln vermindern. Reaktionen: siehe E 220. Verwendungsbeispiele: siehe E221.

E 223 Natriummetabisulfit– kann den Vitamingehalt in Lebensmitteln vermindern. Reaktionen: siehe E 220. Verwendungsbeispiele: siehe E221.

E 224 Kaliummetabisulfit - wegen seiner Oxidationswirkung kann es den Vitamingehalt in Lebensmitteln vermindern. Reaktionen: siehe E 220. Verwendungsbeispiele: siehe E221.

E 226 Calciumsulfit – kann den Vitamingehalt in Lebensmitteln vermindern. In den USA verboten. Reaktionen: siehe E 220. Verwendungsbeispiele: siehe E221. Wegen seines Kalziumgehaltes

auch zur Erhaltung der Festigkeit von Gemüsekonserven eingesetzt.

E 227 Calciumbisulfit – wird auch weitverbreitet während der
Bierproduktion eingesetzt und wegen seines Kalziumgehaltes zur
Erhaltung der Festigkeit von Gemüsekonserven.

E 228 Kaliumbisulfit – wird Vorzugsweise zur Konservierung von
säurehaltigen Fruchtprodukten und bei Wein eingesetzt.

Geschmacksverstärker:

E 620 Glutaminsäure – Glutamat, Würzmittel zur Geschmacksver-
stärkung. Glutaminsäure und Glutamate haben Ihre Berühmtheit
wegen des wohlschmeckenden „Umami"-Geschmacks erreicht.
Kommerziell wird Glutamat in einem bakteriellen Gärungsprozess
aus Melasse oder verschiedenen stärkehaltigen pflanzlichen Be-
zugsquellen gewonnen. Reaktionen: Ob Glutamate Gesundheits-
schädigend sind, ist wissenschaftlich nicht erwiesen. Das Thema ist
schwerst umstritten. Glutamate werden unter anderem der Auslösung von Übelkeit, Kopfschmerzen und Gliederschmerzen, sogar
epileptischen Anfällen und Leberschädigung bezichtigt. China-
Restaurant-Syndrom (CRS): Eine der vielen wissenschaftlichen
Studien deutet darauf hin, dass CRS eine Manifestation eines Vitamin B6-Mangels sein könnte. Eine weitere Studie deutet an, dass
CRS auf den Histamingehalt in chinesischen Gerichten zurückzuführen sein könnte. Verwendungsbeispiele: Ein Versuch einer Auflistung ist nicht zweckdienlich, da der Zusatzstoff in Unmengen von
Fertigprodukten enthalten ist. Abgesehen davon findet man einen
gewissen Anteil an freiem natürlichem Glutamat in fast jedem natürlichen Lebensmittel. Diese Aminosäure wird auch im menschlichen Körper im normalen Stoffwechsel produziert. Höhere Konzentrationen findet man in Tomaten, gereiftem Käse und Sardinen.
Der Konsum von kommerziell hergestelltem Glutamat ist für kleine
Kinder nicht geeignet.

E 621 Mononatriumglutamat (engl.: Monosodiumglutamat - MSG) – siehe E 620

E 622 Monokaliumglutamat – siehe E 620

E 623 Calciumdiglutamat - siehe E 620, häufige Verwendung in salzarmen Produkten.

E 624 Monoammoniumglutamat – siehe E 620

E 625 Magnesiumdiglutamat – siehe E 620

20. Nahrungsmittellisten

Es gibt in diesem Kapitel nicht nur eine, sondern gleich zwei Tabellen. Tabelle 1 wurde rein aus wissenschaftlicher Sicht zusammengestellt. Tabelle 2 besteht aus einer großen Studie des Portals für Nahrungsmittel-Intoleranz wo 109 Lebensmittel nach ihrer individuellen Verträglichkeit von über 800 Teilnehmern beurteilt wurden.

Ein histaminarmer Ernährungsplan sollte in der Karenzphase bis zu 4 Wochen eingehalten werden.

Bitte beachten Sie immer Folgendes: Diese Nahrungsmittellisten – oder auch jegliche andere Listen, die Sie in verschiedenen Quellen sowie im Internet finden mögen - sollten NUR als Richtlinie gesehen werden und dienen nicht der Selbstdiagnose! Der Grund dafür ist, dass viele HIT-Betroffene mehrere Unverträglichkeiten haben, sodass eine Eliminationsdiät ohne Diagnose durch einen Arzt und ohne Zusammenarbeit mit einem Diätassistenten nicht empfehlenswert ist.

Wenn Sie sich an diese Empfehlung halten, sollte Ihnen nur noch wenig im Weg stehen sich nach spätestens 4 Wochen der Karenzphase um einiges besser zu fühlen.

HIT-Betroffene haben unterschiedliche Toleranzgrenzen, also ist der nächste Schritt nach einer erfolgreichen Karenzphase, eben diese Toleranzgrenze in der Testphase zu finden, mit dem Ziel, die Lebensqualität schrittweise und langfristig zu verbessern. Halten Sie sich immer vor Augen, dass Sie Ihre Ernährung an Ihre individuelle Toleranzgrenze anpassen müssen. Wichtigste Maßnahme ist, sich histaminarm zu ernähren, solange es nötig ist, und nicht länger. So etwas wie eine „histaminfreie" Diät gibt es nicht!

Ein Ernährungstagebuch ist ein essentieller Wegbegleiter!

Es gibt einige Grundregeln die man beachten sollte:

- Keine Konserven essen.
- Keine überreifen Lebensmittel essen (alter Käse, alkoholische Getränke, hefehaltige Produkte, alter Fisch, ...).
- Histamingehalte in Nahrungsmitteln können variieren! Hängt vom Reife- und Hygienezustand des Nahrungsmittels ab.
- Nahrung immer so frisch wie möglich kaufen und essen.
- Lassen Sie Nahrungsmittel nicht außerhalb des Kühlschranks herumliegen – besonders keine Fleisch- und Fischprodukte
- Die Küche immer sauber halten – ohne paranoid zu werden.
- Jeder Betroffene hat seine eigene Toleranzgrenze. Es liegt an jedem selbst, das für sich herauszufinden.
- Lassen Sie sich von einem ausgebildeten Diätassistenten beraten, um eine ausgewogene Ernährungsweise beizubehalten.
- Lernen Sie kochen! Es macht viel Spaß, wenn man einmal den Dreh raus hat. ;-)
- Aufgrund weiterer, ebenfalls vorliegender Unverträglichkeiten/Kreuzallergien ist zu beachten, dass die Histaminarmut eines Lebensmittels allein noch nichts über seine Verträglichkeit für den Betroffenen aussagt. Die Listen erheben keinen Anspruch auf Vollständigkeit.

Tabelle 1

Histaminarme Lebensmittel:

- Frisches Fleisch (frisch, gekühlt, gefroren)
- Fangfrischer Fisch
- Hühnerfleisch (ohne Haut – Hühnerfleisch verdirbt tendenziell schneller, also bitte sicherstellen, dass es frisch ist!)
- Eigelb
- **Frisches** Obst: Mit Ausnahme von Erdbeeren gelten die meisten anderen Obstsorten im frischen Zustand als histaminarm (siehe auch Histaminliberatoren)
- **Frisches** Gemüse: mit Ausnahme von Tomaten
- Getreide, Teigwaren: Dinkel-, Mais-, Reisnudeln, hefefreies Roggenbrot, Mais-Reis-Knäckebrot, Reis, Haferflocken, Reiswaffeln, Mais-, Reis-, Hirsemehl, Nudeln aus Dinkel oder Mais
- Frische Milch und Milchprodukte
- Milchersatz: Kokosmilch, Reismilch
- Frischkäse, Butter
- Fast alle Speiseöle – Eignung muss individuell überprüft werden
- Fast alle frischen Kräuter - Eignung muss individuell überprüft werden
- Fast alle Obstsäfte aus nicht zitronensäurehaltigen Früchten
- Kräutertee

Nahrungsmittel, die einen hohen Histamingehalt haben können – meistens nicht verträglich

- Alkoholische Getränke/vergorene Getränke
- Eingelegte/konservierte Lebensmittel
- Gereifter Käse: vor allem Hartkäse – je älter (je länger gereift) desto mehr Histamin

- Geräuchertes Fleisch – Salami, Schinken, Wurst
- Meeresfrüchte
- Bohnen und Hülsenfrüchte (besonders Kichererbsen und Sojabohnen, auch Erdnüsse)
- Nüsse – Walnüsse, Cashewnüsse
- Schokolade und andere auf Kakao basierende Produkte
- Die meisten zitronensäurehaltigen Früchte
- Produkte aus Weizen
- Essig
- Fertigprodukte
- Salzgebäck (salzige Snacks), Süßigkeiten mit Konservierungsstoffen und künstlichen Farbstoffen

Nahrungsmittel, die Histamin freisetzen (Histaminliberatoren)

- Fast alle zitronensäurehaltigen Früchte – Kiwi, Zitrone, Limone, Ananas, Pflaumen,…
- Kakao und Schokolade
- Nüsse
- Papaya
- Bohnen und Hülsenfrüchte
- Tomaten
- Weizenkeime
- Zusatzstoffe – Benzoate, Nitrite, Glutamate, Lebensmittelfarbstoffe

Diaminoxidase (DAO) blockierende Nahrungsmittel

- Alkohol
- Schwarzer Tee
- Energy Drinks
- Grüner Tee
- Matetee

Umstritten:

- Joghurt – kommt darauf an, welche bakteriellen Kulturen verwendet wurden
- Eiweiß – hat nur im rohen Zustand histaminfreisetzende Eigenschaften

Andere:

- Hefe – Hefe selbst enthält kein Histamin, jedoch wird die Histaminbildung durch seine katalysatorische Wirkung gefördert. Das Endprodukt enthält keine aktive Hefe mehr.

Quellen:

NMI Portal für Nahrungsmittelintoleranz, Histaminunverträglichkeit – Richtige Ernährung

Maintz L, Novak N: Histamine and histamine intolerance, American Journal of Clinical Nutrition 2007

Jarisch, R. "Histaminunverträglichkeit", Thieme Verlag, 2. Auflage

Wissenschaftliche Abteilung: Histamine Intolerance Awareness

Tabelle 2

Das NMI Portal (Portal für Nahrungsmittel-Intoleranz) hat in einer großen Studie 109 Lebensmittel nach ihrer individuellen Verträglichkeit von über 800 Teilnehmern beurteilen lassen. Der daraus entstandene Verträglichkeitsindex bietet den Vorteil, dass er die Nahrungsmittel in der für sie typischen Lagerungszeit und dem durchschnittlichen Verarbeitungszustand bewertet. Die Ergebnisse dieser Studie wurden dann mit Verzehrempfehlungen und anderen wissenschaftlichen Daten abgeglichen und so eine Tabelle erstellt, die viele Nahrungsmittel bezüglich ihrer Verträglichkeit bewertet. Dabei wurden einige alte Ernährungsempfehlungen als falsch erkannt. **Himbeeren, grüne Bohnen** und **Papayas** gelten bei Histaminintoleranz als schlecht verträglich. In der Studie konnte dies nicht bestätigt werden, im Gegenteil, gerade Papayas wurden – nach der Karenzzeit - als manchmal verträglich eingestuft. Auch Zitrusfrüchte scheinen besser verträglich zu sein, als bisher angenommen. Trotz aller Tabellen ist der wichtigste Satz, nicht nur bei Histaminintoleranz: Achten Sie immer auf Ihre individuelle Verträglichkeit!

Tabelle mit verträglichen und unverträglichen Nahrungsmitteln

Die Tabelle ist nach Verträglichkeit geordnet.

☺ gut verträglich

☺ manchmal verträglich – individuelle Austestung in Testphase empfohlen

☹ schlecht verträglich

Tabelle:
Verträglichkeit von Nahrungsmitteln bei Histaminintoleranz.

Nahrungsmittel	Karenz-phase	Dauer-ernährung
Kartoffel	☺	☺
Kopfsalat	☺	☺
Reis	☺	☺
Zucchini	☺	☺
Hühnerfleisch (ohne Haut)	☺	☺
Endiviensalat	☺	☺
Feldsalat (Vogerlsalat)	☺	☺
Heidelbeere	☺	☺
Kürbis (Hokkaido)	☺	☺
Löwenzahnblätter	☺	☺
Möhre (Karotte)	☺	☺
Süßkartoffel	☺	☺
Wassermelone	☺	☺
Broccoli	☺	☺
Chicorée	☺	☺
Chinakohl	☺	☺
Fenchel	☺	☺

Gurke (Salatgurke)	☺	☺
Frischer Mais gegart	☺	☺
Spargel	☺	☺
Zuckermelone	☺	☺
Rindfleisch	☺	☺
Apfel	😐	☺
Blumenkohl (Karfiol)	😐	☺
Johannisbeere	😐	☺
Kaktusfeige	😐	☺
Pfirsich	😐	☺
Porree	😐	☺
Radieschen	😐	☺
Rote Bete	😐	☺
Stachelbeere	😐	☺
Ei	😐	☺
Aprikose (Marille)	😐	☺
Artischocke	😐	☺
Brombeere	😐	☺
Esskastanien (Maroni)	😐	☺
Granatapfel	😐	☺

Kaki	😐	☺
Kirsche	😐	☺
Kohlrabi	😐	☺
Litschi	😐	☺
Mango	😐	☺
Okra	😐	☺
Schwarzwurzel	😐	☺
Salzwasserfisch (außer Thunfisch)	😐	☺
Süßwasserfisch	😐	☺
Honig	😐	☺
Feige	😐	😐
Himbeere	😐	😐
Kokosmilch	😐	😐
Mangold	😐	😐
Papaya	😐	😐
Pastinake	😐	😐
Rhabarber	😐	😐
Rosenkohl	😐	😐
Sellerieknolle	😐	😐
Trauben	😐	😐

Zwiebel	😐	😐
Schweinefleisch	😐	😐
Kaffee	😐	😐
Früchtetee, ohne Zusatzstoffe	😐	😐
Champignons	🙁	😐
Grünkohl	🙁	😐
Knoblauch	🙁	😐
Paprikaschote (grün)	🙁	😐
Pfifferling	🙁	😐
Pflaume	🙁	😐
Steinpilz	🙁	😐
Mais (aus der Dose)	🙁	😐
Bambussprossen	🙁	😐
Blaukraut	🙁	😐
Bohnen grün	🙁	😐
Erbsen	🙁	😐
Meerrettich	🙁	😐
Rosine	🙁	😐
Birne	🙁	😐
Kichererbse	🙁	😐

Lebensmittel	Bewertung 1	Bewertung 2
Thunfisch, frisch	☹	😐
Cola light	☹	😐
Aubergine	☹	😐
Avocado	☹	😊
Banane	☹	😐
Dattel getrocknet	☹	😐
Limabohne	☹	😐
Mandarine	☹	😊
Sojabohne	☹	😐
Weißkohl	☹	😊
Malzbier	☹	😐
Feige getrocknet	☹	😊
Limetten	☹	😐
Spinat	☹	😐
Zitrone	☹	😐
Kakao Pulver	☹	😊
Schnaps	☹	😐
Ananas	☹	☹
Erdbeere	☹	☹
Essiggurke	☹	☹

Grapefruit	☹	☹
Kiwi	☹	☹
Orange	☹	☹
Tomate	☹	☹
Bier	☹	☹
Energydrink ohne Zucker	☹	☹
Energydrink mit Zucker	☹	☹
Weißwein	☹	☹
Thunfisch aus der Dose	☹	☹
Sauerkraut	☹	☹
Weizenbier	☹	☹
Rotwein	☹	☹

21. Kurze Zusammenfassung der Therapiemöglichkeiten

Die folgenden Therapiemöglichkeiten wurden von verschiedenen Instanzen vorgeschlagen.

- Karenzphase: Eine histaminarme Ernährung sollte bis zu 4 Wochen strikt eingehalten werden. Es kommt zu einer deutlichen oder vollständigen Reduktion der Symptome.
- Testphase: Kleine Mengen von verdächtigen Lebensmitteln werden individuell und gezielt ausgetestet. Alternativen für offensichtlich nicht vertragene Lebensmittel werden gesucht. Nicht mehr als ein Lebensmittel wird pro Tag ausgetestet. Dauer: bis zu 6 Wochen.
- Langzeiternährung: Eine dauerhafte bedarfsdeckende Nährstoffzufuhr wird gesichert, auf deren Basis der Patient eventuell eigenständig weiterarbeiten kann. Je nach Besserung der Symptome kann der Patient weitere Nahrungsmittel, die bei der Karenzphase noch zu vermeiden waren, einbauen.

Folgende Nahrungsergänzungsmittel wurden vorgeschlagen. Es ist jedoch ratsam, diese Elemente möglichst durch die Ernährung aufzunehmen und nur in Absprache mit dem behandelnden Arzt oder dem Diätassistenten auf die Einnahme von gewissen Mengen in Form von Nahrungsergänzungsmitteln zurückzugreifen.

- **Vitamin C**: senkt den Histaminspiegel im Blut
- **Vitamin B6**: ist ein wichtiger Cofaktor der Diaminoxidase und somit für die Aktivität dieses histaminabbauenden Enzyms verantwortlich
- **Kalzium**: reduziert die durch Histamin induzierte Erythem- und Quaddelbildung
- **Zink**: besitzt antiallergische und antiinflammatorische Eigenschaften und hemmt die Histaminausschüttung.
- **Kupfer**: kann bei ausreichender Versorgung den DAO-Plasmaspiegel leicht anheben

- **Magnesium**: ein Magnesium-Defizit senkt die allergische Reaktionsschwelle, Histamin wird vermehrt und schneller freigesetzt.
- **Mangan**: erhöht die DAO-Aktivität
- **Vitamin B1**
- **Vitamin B12**
- **Folsäure**
- Antihistaminikum (H1- oder H2-Rezeptorblocker) blockiert die Histaminwirkung.
- DAO-Kapseln bis zu 3 Kapseln pro Tag (siehe Diskussion in Kapitel 12)
- Obwohl Antihistaminika und DAO-Kapseln zwar Symptome verringern können, sind Sie keine Dauerlösung. Es wird deshalb an dieser Stelle noch einmal darauf hingewiesen, dass die Ernährungsweise des Patienten mit Hilfe eines Diätassistenten an die Bedürfnisse des Patienten angepasst werden sollten.

Ein paar zusätzliche Anmerkungen zu den Vitaminen C und B6:

Vitamin C

Höhere Konzentrationen von Vitamin C kommen im Allgemeinen in Gemüse und Früchten vor. Resultate von wissenschaftlichen Untersuchungen im Bezug auf Vitamin C-Gehalte weichen leicht voneinander ab, sind aber meistens sehr ähnlich. Wegen der unterschiedlichen Mengenangaben ist diese Liste als ungefähre Angabe zu sehen, wobei diejenigen mit den tendenziell höchsten gemessenen Werten in der linken Reihe stehen. Gemüse und Früchte, die nicht in dieser Liste aufscheinen, enthalten auch Vitamin C und sind Teil einer ausgeglichenen Ernährung, also gibt es, außer bei einer nachweisbaren Unverträglichkeit, keinen Grund, diese aus dem Ernährungsplan zu streichen. Obwohl die Kartoffel weiter unten in der Liste aufscheint, ist es erwähnenswert, dass, da wir in unseren Breitengraden große Mengen davon verzehren, dieses Wurzelgemüse eines der wichtigsten Vitamin C-Quellen ist.

Hagebutte	Kartoffel
Schwarze Johannisbeere	Heidelbeere
Rote Paprika (süß)	Weintraube
Petersilie	Aprikose (Marille)
Brokkoli	Zwetschke
Rote Johannisbeere (Ribisel)	Wassermelone
Rosenkohl	Karotte
Litschi	Kirsche
Holunder	Pfirsich
Zitrone	Apfel
Cantaloupe-Melone	Spargel
Blumenkohl	Rote Bete
Knoblauch	Birne
Weißkohl	Salat
Limone	Gurke
Mango	Feige

Empfehlungen zur täglichen Dosis (RDA – Recommended Daily Allowances) für die Deckung des täglichen Bedarfs an Vitamin C variieren von Land zu Land. Die Empfehlungen bewegen sich im Allgemeinen zwischen 60mg/Tag und 110mg/Tag für gesunde Menschen. Die EU hat den RDA derzeit bei 80mg/Tag festgesetzt. Eine Sättigung der Körperreserven wird von verschiedenen Instanzen bei einer Zufuhr von zwischen 200g/Tag und 400g/Tag angegeben. Jedoch werden diese Werte auch heute noch heiß diskutiert. Manche meinen, dass diese Werte zu niedrig wären.

Vitamin C und DAO

Vitamin C ist wasserlöslich, und es werden ihm mehrere Funktionen zugeschrieben. Im Hinblick auf das Verhältnis zwischen DAO und Vitamin C scheint es bewiesen worden zu sein, dass das Vitamin Histamin chemisch deaktivieren kann und somit hilft, das Histamin abzubauen.

In vielen Ländern ist die Hauptquelle der Vitamin C-Zufuhr die Kartoffel.

Vitamin C-Gehalte können in Nahrungsmitteln durch die Länge der Lagerung und auch durch Temperatur, Sauerstoff und Lichteinflüsse stark vermindert werden. Zusätzlich kann es durch zu starkes Kochen reduziert werden. Gehen Sie deshalb sanft mit Ihrem Obst und Gemüse um und kochen sie es nicht kaputt.

Vitamin B6 und DAO

Beim Vitamin B6 handelt es sich um ein wichtiges Coenzym beim Aminosäurestoffwechsel. Die tägliche Zufuhr von Vitamin B6 ist proportional gleich wie die Proteinzufuhr, weil Proteine aus Aminosäuren zusammengebaut werden. Es ist - neben anderen Substanzen - auch für die Bildung von roten Blutkörperchen zuständig. Bei Untersuchungen stellte man fest, dass die DAO ein Vitamin B6-abhängiges Enzym sein soll.

Die RDA für Vitamin B6 wurde von der EU bei 1,4mg/Tag festgelegt. Im Normalfall sollten Sie diesen Bedarf durch eine ausgeglichene Nahrungsmittelaufnahme decken können. Wenn Sie mehr als die empfohlene Tagesdosis einnehmen wollen, informieren Sie sich vorher, da eine Überdosierung zu ziemlich unerwünschten Nebenwirkungen führen kann.

In Großbritannien warnt die Food Standards Agency davor, mehr als eine Dosis 10mg Vitamin B6 in Form von Nahrungsergänzungsmitteln zu sich zu nehmen. Eine erhöhte Dosis sollten Sie am besten nur nach Absprache mit Ihrem behandelnden Arzt einnehmen.

Vitamin B-Quelle kommt in Fleisch, Fisch und Geflügel vor. Weitere gute Quellen sind Brot, Müsli wie Haferflocken, Reis, Eier, Gemüse, Milch und Kartoffeln.

Ein wichtiger Nachsatz!

Die Informationen in diesem Buch sind definitiv nicht dafür geeignet, eine Selbstdiagnose zu stellen oder einen selbstgebauten Diätplan auszuarbeiten. Die Listen erheben keinen Anspruch auf Vollständigkeit! Es ist in keiner Art und Weise eine Alternative zum Aufsuchen eines Arztes und eines qualifizierten Diätassistenten.

Sie dürfen die Informationen in diesem Buch nicht zur Selbstdiagnose verwenden, da Sie sich in die prekäre Lage bringen können, sich selbst zu schaden, und eine eventuelle andere Krankheit unentdeckt bleiben könnte.

22. Rezepte

FRÜHSTÜCK

Knusprige Haferflocken und Kokos mit Joghurt und Beerensauce

4 Portionen

2 TL Honig
60 g Haferflocken
60 g geraspelte Mandeln
20 g getrocknete Kokosnuss
200 g Beeren (z.B. Heidel-, Preisel- oder Johannisbeeren)
1 EL Zucker (fein)
1-2 EL Zitronensaft (oder Ersatz)
400 g Joghurt nach Wahl

Honig, Haferflocken, Mandeln und Kokos in einer Pfanne bei mittlerer Hitze vermischen und leicht anrösten.

Damit die Zutaten nicht verbrennen, regelmäßig umrühren. Sobald die Zutaten die gewünschte Farbe haben, schütten Sie alles auf ein Stück Backpapier auf einem flachen Untergrund und lassen Sie sie auskühlen.

Währenddessen geben Sie 2/3 der Beeren Ihrer Wahl in eine Pfanne. Fügen Sie den Zucker und den Zitronensaft (oder Ersatz) hinzu. Lassen Sie alles kurz aufkochen. Danach auf kleinster Flamme 5-10 Minuten köcheln lassen.

Die Beeren müssen nicht komplett zu einem Brei zerkocht werden. Die Pfanne vom Herd nehmen, den Rest der Beeren hinzufügen, umrühren und ebenfalls auskühlen lassen.

Sobald alles nach Ihren Vorlieben ausgekühlt ist, schütten Sie den Beerenmix in eine Schüssel. Streichen Sie das Joghurt gleichmäßig über die Beeren (funktioniert besonders gut mit griechischem Joghurt – aber Sie können auch jedes andere verträgliche Joghurt verwenden). Dann den Haferflocken-Kokos-Mix darüber verteilen.

Fertig!

Spanisches Kartoffelomelette

4 Portionen

4 EL Olivenöl
6 große Eier
400 g festkochende Kartoffeln, geschält und in ½ cm große Würfel
geschnitten
1 mittelgroße Zucchini (ca. 125 g), ebenfalls in ½ cm große Würfel
geschnitten
1 roter Paprika, gewürfelt
1 Zwiebel, gewürfelt
1 Knoblauchzehe, fein gehackt (optional)
50 g Gouda, gerieben
Petersilie, fein gehackt
Salz und frischgemahlener Pfeffer

Blanchieren Sie die Kartoffeln 3 Minuten in kochendem, gesalzenem Wasser. In der Zwischenzeit schneiden Sie die Zucchini, Paprika, Zwiebel und Knoblauch.

Erhitzen Sie die Hälfte des Öls in einer großen Pfanne und rösten Sie die gewürfelte Zwiebel darin, bis sie glasig ist – aber nicht braun. Fügen Sie die Zucchini und den Paprika hinzu und rösten Sie alles etwa 3 Minuten. Geben Sie den Knoblauch dazu und rösten Sie alles weitere 2 Minuten. Leeren Sie das Gemüse in eine Schüssel und stellen Sie es beiseite.

Erhitzen Sie das restliche Öl in einer Pfanne und fügen Sie die Kartoffeln hinzu. Rösten Sie die Kartoffeln etwa 3 Minuten, bis sie braun werden. Geben Sie das bereits geröstete Gemüse hinzu und vermischen Sie alle Zutaten.

Schlagen Sie die Eier in einer Schüssel, fügen Sie Petersilie und Gewürze hinzu und rühren Sie den Käse unter. Reduzieren Sie die Hitze auf kleine Flamme und schütten Sie die geschlagenen Eier über den Gemüse-Mix. Bedecken Sie die Pfanne mit einem Deckel und kochen Sie alles, bis die Eier fest sind.

Schieben Sie das Omelette auf einen Teller, schneiden Sie es in 4 gleiche Stücke und servieren Sie es sofort.

Mango Smoothie

4 Portionen

> *2 Mangos*
> *300 g Joghurt, gekühlt*
> *600 ml Vollmilch*
> *2-4 TL Honig*
> *10 Kardamomschoten, nur die Samen*

Schälen Sie die Mango mit einem scharfen Messer und trennen Sie das Fruchtfleisch vom Kern.

Schneiden Sie die Mango in kleine Stücke und pürieren Sie das Fruchtfleisch mit einem Mixer oder etwas Ähnlichem.

Fügen Sie den Honig, das Joghurt und die Milch dazu und mixen Sie alles gut durch. Mischen Sie die Kardamomsamen unter.

Schütten Sie alles in ein gekühltes Glas. Der Smoothie ist fertig zum Genießen.

Smoothies sind eine großartige Möglichkeit, Vitamine zu sich zu nehmen. Es gibt viele verschiedene Versionen und Kombinationen, und Sie können hier Ihrer Phantasie freien Lauf lassen und experimentieren.

Abgesehen von Ihren Lieblingsfrüchten können Sie Milch und/oder Joghurt hinzufügen.

Sie können den Smoothie auch mit allen Arten von Gewürzen verfeinern, z.B. Zimt, Kardamon oder Ingwer. Auch frische Minze oder frisch geriebener Ingwer sind möglich.

Neben Honig können Sie auch Ahornsirup zum Süßen verwenden.

Eine andere Möglichkeit ist, dem Smoothie Leinsamen, Haferflocken oder ähnliches beizufügen.

Palatschinken mit Kompott aus dreierlei Früchten
4 Portionen

Für den Teig:
125 g Mehl oder Reismehl
2 Eier
125 ml Milch
125 ml Schlagobers
Schale einer ½ unbehandelten Zitrone (oder Ersatz)
Eine Prise Salz
1 TL Butter oder Öl

Für das Kompott:
1 Apfel, geschält, entkernt und in große Stücke geschnitten
2 Birnen, geschält, entkernt und in große Stücke geschnitten
3 Zwetschgen, gewaschen, entkernt und in große Stücke geschnitten
1 Zimtstange, etwa 3-4 cm groß
Schale einer ½ unbehandelten Zitrone (oder Ersatz)
2-3 EL Zucker

In einem Topf ein wenig Wasser zum Kochen bringen. Zucker, Zimtstange, Apfel- und Birnenstücke hinzufügen und 10 Minuten köcheln lassen.

Die Zitronenschale (oder Ersatz) und die Zwetschgen hinzufügen und für weitere 10-15 Minuten, bzw. bis alles weich ist, auf kleiner Flamme köcheln. Danach die Zimtstange entfernen.

Für den Teig das Mehl mit einer Prise Salz in eine große Schüssel sieben. Verquirlen Sie Milch, Schlagobers, Eier und die Zitronenschale (oder Ersatz) in einer Schale oder einem Krug.

Schütten Sie die flüssigen Zutaten in die Schüssel mit dem Mehl und rühren Sie alle Zutaten zu einem glatten Teig.

Erhitzen Sie eine Pfanne sehr stark. Reduzieren Sie die Hitze auf mittlere Flamme. und geben Sie ein wenig Butter oder Öl hinein. Mit einem großen Schöpflöffel gießen Sie etwas Teig in die Pfanne und schwenken Sie sie, damit der Teig den gesamten Boden bedeckt.

Nachdem Sie die Palatschinke etwa 1-2 Minuten angebacken haben, heben Sie sie am Rand mit einem Pfannenwender vorsichtig an um zu sehen, ob sie schon goldbraun oder noch blass ist. Ist sie genug gebräunt, Palatschinke vorsichtig wenden und für eine weitere Minute backen. Die fertige Palatschinke auf einen Teller geben und warmhalten. Wiederholen Sie den Vorgang, bis der ganze Teig aufgebraucht ist.

Geben Sie die Palatschinke auf einen vorgewärmten Teller (im Ofen auf niedrigster Temperatur). Verteilen Sie 2-3 EL des Kompotts auf einer Hälfte der Palatschinke und klappen Sie sie zusammen, dann mit ein wenig Staubzucker bestreuen. Fertig.

Falls Sie Reismehl verwenden, müssen Sie besonders vorsichtig sein, wenn Sie die Palatschinken wenden. Sie zerreißen sehr leicht. Sollte das passieren, mixen Sie die Palatschinkenteile mit dem Kompott und geben sie ihm einen anderen Namen.

Ansonsten sind die Palatschinken aus Reismehl genauso köstlich wie mit jedem anderen Mehl, nur ein wenig leichter.

Das Kompott können Sie auch zwischendurch als Snack genießen.

Eine Palatschinkenpfanne ist wirklich ihr Geld wert. Sie ist leicht, und man benötigt fast kein Fett, weil sie beschichtet ist. Mit solch einer Pfanne kann man die Palatschinke beim Wenden gut „schupfen" – macht echt Spaß!

Schinken, Käse und Basilikum auf Knäckebrot
4 Portionen

> *4 Stück Knäckebrot*
> *100 g milder, geriebener Käse (Cheddar, Gouda)*
> *100 g ungeräucherter Kochschinken in Scheiben*
> *4 frische Basilikumblätter, in Streifen geschnitten*

Heizen Sie den Ofen auf 200°C vor.

Legen Sie eine Scheibe Schinken auf jedes Knäckebrot. Bestreuen Sie das Brot mit Käse und backen Sie es 5-7 Minuten, oder bis der Käse anfängt, braun zu werden.

Bestreuen Sie die Brote mit dem Basilikum und servieren Sie sie umgehend.

SUPPEN UND SALATE

Einfache Hühnerbrühe

Hier ist ein Rezept für eine einfache und schnelle Brühe. Im Unterschied zur erweiterten Variante ist diese nicht so intensiv im Geschmack. Sie bietet sich aber auf jeden Fall als gute Alternative für alle an, die wenig Zeit haben. Falls Ihnen etwas übrig bleibt, können Sie die Suppe abseihen und einfrieren oder zum Verfeinern anderer Gerichte verwenden.

1 Liter Wasser
300 g Hühnerbrust oder Ähnliches
1 Zwiebel, in große Stücke geschnitten
2 Karotten, geschält und in 1 cm große Stücke geschnitten
1-2 Stiele Stangensellerie, in 1 cm große Stücke geschnitten
1 Handvoll Petersilie, im Ganzen
1 Nelke
1 Lorbeerblatt
Salz

Bringen Sie das Wasser in einem großen Suppentopf zum Kochen. In der Zwischenzeit waschen und schneiden Sie das Gemüse und stellen Sie es beiseite.

Schneiden Sie das Hühnerfleisch in große Stücke.

Geben Sie das Huhn ins heiße Wasser und bringen Sie es erneut zum Kochen. Falls Sie Huhn mit Knochen verwenden und sich an der Oberfläche Schaum bildet, schöpfen Sie ihn mit einem Löffel ab. Das passiert für gewöhnlich, wenn man Fleisch mit Knochen verwendet, und macht die Brühe noch herzhafter.

Nun fügen Sie die restlichen Zutaten in die Suppe und bedecken Sie den Topf mit einem Deckel. Lassen Sie die Brühe 35-45 Minuten kochen. Beachten Sie, dass das Gericht nicht zu stark kocht, es sollte nur köcheln.

Sieben Sie die Brühe ab. Sie kann sofort verwendet werden. Oder lassen Sie sie abkühlen und frieren Sie sie für die zukünftige Verwendung ein.

Sie können das gekochte Gemüse und das Hühnerfleisch für andere Gerichte verwenden, zum Beispiel für das Hühnerfrikassee.

Gemüsesuppe

200 g Lauch, in ½ cm dicke Scheiben geschnitten
300 g Karotten, in ½ cm dicke Scheiben geschnitten
1 Pastinake, in ½ cm dicke Scheiben geschnitten
2 Stiele Stangensellerie, in 1 cm große Stücke geschnitten
1 Zwiebel, in 1 cm große Stücke geschnitten
1 Handvoll Petersilie, im Ganzen
1 Blatt Liebstöckel (optional)
1 Lorbeerblatt
1 paar Pfefferkörner
1,5-2 Liter Wasser

Schneiden Sie das Gemüse in etwa gleich große Stücke. Waschen Sie die Kräuter. Geben Sie das Gemüse, die Kräuter und das Wasser in einen großen Suppentopf mit dickem Boden. Bringen Sie alles zum Kochen, geben Sie einen Deckel auf den Topf und lassen Sie alles bei kleiner Hitze etwa 20-25 Minuten köcheln.

Schütten Sie die Suppe durch ein Sieb. Nun können Sie die Suppe nach Geschmack mit Salz würzen und für weitere Gerichte verwenden. Oder Sie lassen die Brühe abkühlen, füllen sie in einen Eiswürfelbehälter und frieren sie für zukünftigen Gebrauch ein.

Dieses Variante ist ein Grundrezept. Sie können den Geschmack der Suppe ganz einfach verändern, indem Sie zum Beispiel Fenchel, Wacholderbeeren, Thymian, Knoblauch, Kollensellerie und/oder Nelken verwenden oder andere Gemüse und Kräuter, die Sie mögen, die zu dem Gericht passen, für das Sie die Suppe zubereiten.

Ein kleiner Tipp

Liebstöckel, auch bekannt als Maggikraut, ist ein sehr nützliches Kraut, das oft als Zutat in Suppen verwendet wird. Es wird im Allgemeinen mehr in Mittel- und Südeuropa verwendet. Im Norden ist es kaum im Supermarkt zu finden. Sie können aber am Markt oder in der Gärtnerei fragen, ob man Ihnen helfen kann, es zu besorgen. Der Geschmack der Pflanze erinnert an Suppengewürz. Probieren Sie es aus, wenn Sie es auftreiben können.

Gurkensalat

4 Portionen

1 Salatgurke, grob gerieben
1 Knoblauchzehe, fein gepresst
Salz
1 TL Olivenöl
1 TL Maiskeimöl
Petersilie oder Schnittlauch, fein gehackt
175 g Obers
Pfeffer

Schälen Sie die Gurke, schneiden Sie sie der Länge nach auseinander und entkernen Sie sie mit einem Teelöffel. Hobeln Sie die Gurke in nicht zu dünne Streifen.

Geben Sie die geraspelte Gurke in ein feinmaschiges Sieb oder Ähnliches. Stellen Sie eine Schüssel unter das Sieb. Verteilen Sie ¼ TL Salz über die Gurkenraspeln und lassen Sie alles 5-10 Minuten rasten, damit sie Wasser ziehen können. Danach drücken Sie so viel Saft aus den Gurken wie möglich.

Geben Sie die restlichen Zutaten mit den gut ausgedrückten Gurken in eine Schüssel und mischen Sie alles gut durch. Fertig.

Falls Sie eine Laktoseintoleranz haben, können Sie den Obers auch weglassen oder ein laktosefreies Produkt verwenden.

Knusprige Hühnerkeulen aus dem Ofen auf gemischtem Kräutersalatbett

4 Portionen

Für die Hühnerkeulen
8 Hühnerkeulen, ohne Haut und Knochen

Marinade
Olivenöl
Schale und Saft einer unbehandelter Zitrone (optional) (oder Ersatz)
1 Zweig Rosmarin oder Estragon, gehackt
Salz und frischgemahlener Pfeffer

Für das Salatbett
250 g grüner gemischter Salat nach Wahl
150 g Joghurt
50 g Sauerrahm
1 Knoblauchzehe, zerdrückt (optional)
4 TL Olivenöl

Salz und frischgemahlener Pfeffer

Heizen Sie den Ofen auf 180 °C vor. Für die Marinade hacken Sie die Kräuter Ihrer Wahl und geben Sie sie gemeinsam mit dem Öl, Zitronenschale und –saft (oder Ersatz) und den Gewürzen in eine flache Schüssel. Sie brauchen genug, um alle Hühnerkeulen damit zu marinieren.

Schneiden Sie die Oberfläche der Hühnerkeulen 2-3 Mal diagonal ein, damit die Marinade ins Fleisch eindringen kann.

Wenden Sie das die Keulen in der Marinade, bedecken Sie die Schüssel und lassen Sie alles für etwa eine Stunde mit Folie bedeckt im Kühlschrank ziehen.

Theoretisch könnten Sie das Huhn sofort kochen, je länger es aber in der Marinade ziehen kann, desto besser wird es.

Geben Sie die Keulen in eine Kasserole und braten Sie alles 40 – 45 Minuten, bzw. bis der Rand braun und knusprig ist.

Für das Dressing vermischen Sie Joghurt, Sauerrahm, Knoblauch, Olivenöl und Gewürze Ihrer Wahl.

Gießen Sie das Dressing über den Salat und mischen Sie alles gut durch.

Geben Sie den Salat auf eine Servierplatte. Schneiden Sie die Hühnerkeulen in Scheiben und richten Sie sie auf dem Salat an und servieren Sie umgehend.

Statt abgepacktem Salat können Sie auch Ihre eigene Variation kreieren, wie etwa Romanasalat, Kopfsalat, Lollo Rosso, Kresse, oder was immer Sie mögen. Mischen Sie Ihre Lieblingskräuter dazu, als kleine Anregung zum Beispiel Koriander, Petersilie, Minze und Basilikum. Lassen Sie sich von den fertig gemixten Salaten inspirieren und erschaffen Sie Ihren eigenen persönlichen Mix. Bereits essfertige und geschnittene Salate verändern ihre Konsistenz sehr rasch und werden braun, man erkennt das auch am seltsamen Geruch, wenn man die Packung das erste Mal öffnet.

Brokkoli, roter Paprika und Ruccola mit Spiegelei

4 großzügige Portionen

Olivenöl
400 g roter Brokkoli
400 g roter und gelber Paprika, geschnitten
200 g Ruccola, gewaschen
1 Handvoll Basilikum, in Streifen geschnitten
2-3 TL Zitronensaft (oder Ersatz)
4 Eier
Salz und frischgemahlener Pfeffer

Falls Sie keinen roten Brokkoli bekommen können, können Sie auch den normalen Brokkoli verwenden.

Blanchieren Sie den Brokkoli 3 Minuten in gesalzenem, kochendem Wasser, gut abtropfen lassen und in Eiswasser abschrecken.

Nochmals abtropfen lassen und beiseitestellen.

Geben Sie Ruccola, Paprika, Olivenöl und Zitronensaft (oder Ersatz) in eine Salatschüssel und vermischen Sie alles. Fügen Sie den Brokkoli hinzu und mischen Sie nochmals alles gut durch.

Erhitzen Sie ein wenig Olivenöl in einer Pfanne und schlagen Sie die Eier hinein. Braten Sie die Eier, bis sie an den Rändern leicht braun werden.

Verteilen Sie den Salat auf den Tellern, geben Sie das Spiegelei darauf und bestreuen Sie es mit ein wenig Basilikum.

HAUPTSPEISEN

Hühnerfrikassee

4 Portionen

600 g Hühnerbrust
2 Zwiebeln, in große Stücke geschnitten
4 Karotten, geschält und in 1 cm große Stücke geschnitten
2-3 Stängel Stangensellerie, in 1 cm große Stücke geschnitten
1 großzügige Handvoll Petersilie im Ganzen
2 Nelken
2 Lorbeerblätter
Salz

Für die Sauce:
60 g Butter
60 g Mehl oder Reismehl
ca. 800 ml Hühnersuppe
300 g Spargel, in 2 cm große Stücke geschnitten
300 g Champignons, geschnitten
1 EL Zitronensaft (oder Ersatz)
4 Eigelb
5 EL Schlagobers
Frischgemahlener Pfeffer

Bringen Sie ca. 2 Liter Wasser in einem großen Topf zum Kochen. In der Zwischenzeit waschen Sie das Gemüse und richten Sie es für die Suppe her.

Schneiden Sie das Huhn in große Stücke.

Geben Sie das Fleisch in das brodelnde Wasser und kochen Sie alles auf.

Geben Sie das restliche Gemüse und die Kräuter in das Wasser und decken Sie den Topf zu. Lassen Sie die Suppe etwa 35-45 Minuten köcheln (nicht zu heiß kochen).

Während die Suppe köchelt, richten Sie den Spargel und die Champignons für die Sauce her:

Bringen Sie in einem kleinen Topf ein wenig Wasser zum Kochen. Putzen Sie den Spargel, entfernen Sie die harten Enden (etwa 1 cm) und schneiden Sie alles in etwa 2 cm große Stücke. Blanchieren Sie den Spargel 2-5 Minuten in kochendem Wasser, je nach Dicke der Stängel. Damit Sie „al dente" sind, sollte man gerade mit einer Gabel durchstechen können. Lassen Sie alles gut abtropfen und stellen Sie es beiseite.

Schneiden Sie die Champignons und braten Sie sie in etwas Butter oder Olivenöl, bis sie leicht braun werden. Stellen Sie sie beiseite.

Schütten Sie die Suppe durch ein Sieb, halten Sie 800 ml von der Flüssigkeit für die Sauce zurück.

Sie können den Rest der Brühe einfrieren oder zum Kochen des Reises verwenden.

Nehmen Sie das Huhn aus der Brühe, schneiden Sie es in mundgerechte Happen und Stellen Sie es für später beiseite.

Für die Sauce schmelzen Sie die Butter in einer Pfanne bei mittlerer Hitze, bis sie schäumt. Rühren Sie das Mehl Ihrer Wahl mit einem Schneebesen ein. Reismehl hat den Vorteil, dass es nicht klumpt, und es ist glutenfrei – 2 Fliegen auf einen Streich. Rühren Sie pausenlos, damit nichts anbrennt. Sobald sich die Mehlschwitze in eine gelblich-zähflüssige Masse verwandelt, geben Sie nach und nach etwas von der Suppe dazu und rühren Sie konstant weiter, bis die Sauce eindickt. Kochen Sie die Sauce auf und lassen Sie sie etwa 5 Minuten unter regelmäßigem Rühren köcheln. Wenn die Sauce zu dick wird, geben Sie noch etwas von der Suppe dazu. Für diese Sauce braucht man ein wenig Übung, aber sobald Sie den Dreh raushaben, ist es wirklich einfach und macht viel Spaß.

Sobald die Sauce fertig ist, geben Sie das Hühnerfleisch, den Spargel und die Champignons dazu. Kochen Sie alles auf und verfeinern Sie es mit dem Zitronensaft (oder Ersatz).

Verquirlen Sie die Eier und das Schlagobers und ziehen Sie alles unter das Frikassee. Lassen Sie alles noch einmal 2-3 Minuten köcheln (nicht kochen – sonst können sich ein paar der Zutaten absondern). Schmecken Sie alles nochmals mit Salz, Pfeffer und Zitronensaft (oder Ersatz) ab.

Dieses Gericht schmeckt sehr gut mit Reis, welcher mit der restlichen Suppe gekocht werden kann, wildem Reis oder Pasta.

Das Rezept klingt sehr kompliziert, aber es ist einen Versuch wert. Sie erlernen hier die Regeln des Blanchierens, der Herstellung von Saucen und der Zubereitung von Brühe, alles sehr wertvolles Wissen für zukünftige Kochexperimente. Sie können Reismehl in jedem Supermarkt mit glutenfreien Lebensmitteln oder im Reformhaus finden. Falls sie es nicht haben sollten, werden sie es sicher gerne für Sie bestellen.

Brathuhn mit Zitrone und Salbei

4 Portionen

1,2 kg-1,5 kg bratfertiges Huhn ohne Innereien
125 g weiche Butter
20 frische Salbeiblätter, fein gehackt
1 Knoblauchzehe, fein geschnitten
2 Knoblauchzehen, gepresst
½ unbehandelte Zitrone, Schale und Saft (oder Ersatz)
Salz und frischgemahlener Pfeffer

Heizen Sie den Ofen auf 180 °C (Heißluft) bzw. 200 °C vor.

Verrühren Sie die Butter mit dem gehackten Salbei, der gehackten Knoblauchzehe, den Zitronenschalen und ½ TL Zitronensaft (oder Ersatz) und würzen Sie alles mit Pfeffer.

Salzen und pfeffern Sie das Huhn innen und außen. Nun lösen Sie vorsichtig mit Ihren Fingern die Haut etwas vom Fleisch, indem Sie sich von der Innenseite langsam zum Nacken vorarbeiten. Damit erhalten Sie eine Art Beutel für Ihre Zitronen-Salbei-Butter.

Versuchen Sie auch, die Haut ein wenig von den Keulen zu lösen. Seien Sie dabei vorsichtig, damit Sie die Haut nicht mit Ihren Nägeln durchbohren oder zerreißen. Nun nehmen Sie die Hälfte der Kräuterbutter und schmieren Sie diese in die Taschen rund um Nacken und Keulen, die sie eben gebildet haben.

Sobald Sie die Kräuterbutter unter die Haut gebracht haben, versuchen Sie, die Butter so gut wie möglich unter der Haut des Huhns zu verteilen und einzumassieren.

Nehmen Sie nun ein wenig von der restlichen Zitronen-Salbei-Butter und bestreichen Sie damit die Außenseite des Huhns. Geben Sie den Rest der Buttermischung, den gepressten Knoblauch und den Rest der Zitronenschalen (oder Ersatz) in die Innenseite des Huhns. Verschließen Sie die Öffnung des Huhns mit der Haut und mit Hilfe von Zahnstochern oder Ähnlichem. Sie können auch die Keulen mit einem ofenfesten Küchengarn verschnüren. Dadurch bleibt das Huhn auch innen saftig.

Geben Sie das Huhn in ein Ofengeschirr und braten Sie es etwa 1:20-2:00 Stunden im Ofen, je nach Größe des Vogels. Generell gilt: 25 Minuten pro 500 g plus 20 Minuten). Jede halbe Stunde übergießen Sie das Huhn mit einem Löffel oder einer Kelle mit dem Bratensaft. Das Huhn ist fertig, wenn klarer Saft austritt, sobald Sie es mit einem Spieß anstechen.

Nehmen Sie das Huhn nun aus dem Ofen, bedecken Sie es mit Alufolie und lassen Sie es etwa 20 Minuten rasten. Schöpfen Sie das überschüssige Fett vom Bratensaft ab und schütten Sie den Rest in eine Sauciere oder in einen Krug.

Sobald das Huhn auf Tellern angerichtet ist, gießen Sie ein wenig vom Bratensaft über das Fleisch.

Klassische Rinderbrust mit Kartoffel–Kürbispüree

Rinderbrust ist eines der günstigeren Teile des Rinds, kann aber äußerst delikat sein, wenn Sie es lang genug kochen. Das Rezept ist für 4 Portionen, aber der Spruch „je größer desto besser" stimmt hier auf alle Fälle, und es ist ein wirklich gutes Rezept für eine Party.

4 Portionen

1 kg Rindsrollbraten
1 große Zwiebel, gehackt
Frisch gemahlener schwarzer Pfeffer
Ein wenig Pflanzenöl
Gleiche Menge Kartoffeln und Kürbis
1 Knoblauchzehe, gepresst (optional)
1 EL Rosmarin, gehackt
1 EL Salbei, gehackt
Butter

Geben Sie etwas gemahlenen Pfeffer auf einen Teller oder ein Brett und wälzen Sie den Braten darin.

Erhitzen Sie das Öl in einer entsprechenden Pfanne oder im Schmortopf und braten Sie das Fleisch von allen Seiten gleichmäßig an, bis es leicht braun ist, dann nehmen Sie es heraus und stellen Sie es beiseite.

Rösten Sie nun die Zwiebel im Bratensatz, bis er glasig ist. Braten
Sie die geschnittenen Seiten des Fleisches auf beiden Enden an. .

In der Zwischenzeit bringen Sie Wasser im Wasserkocher zum
Kochen. Begießen Sie damit den Braten, bis er fast vollständig bedeckt ist. Reduzieren Sie die Hitze, decken Sie den Braten zu und
lassen Sie alles sehr behutsam auf kleiner Flamme 4 Stunden oder
länger köcheln. Sie können das Fleisch auch bei 140 °C im Ofen
garen. Sollte das Fleisch zu sehr kochen, reduzieren Sie die Hitze
auf 120 °C. Nehmen Sie den Braten aus dem Topf und lassen Sie ihn
an einem warmen Platz rasten während Sie das Gemüse kochen.

Reduzieren Sie den Bratensaft mit den Zwiebeln zu einer etwas
dickeren Sauce, indem Sie, unter ständigem rühren bei kräftiger
Hitze den Saft bis zur gewünschten Konsistenz einkochen. Schälen
und kochen Sie die Kartoffeln, bis sie weich sind. Schneiden Sie das
Kürbisfleisch in Würfel und kochen Sie es, bis es bissfest ist (nicht
überkochen, sonst haben Sie Brei).

Nun Kartoffeln und Kürbis separat zerstampfen, dann beides gut
vermischen. Geben Sie ein großzügiges Stück Butter dazu und auch
Knoblauch, wenn Sie möchten. Eine weitere Gewürzoption wäre,
Muskat zu verwenden. Wenn sie lang genug gekocht hat, sollte die
Rinderbrust auseinanderfallen und in Ihrem Mund schmelzen.
Servieren Sie alles mit dem Püree und jeder Menge von dem redu-
zierten Bratensaft.

Meine Mutter hat mir erzählt, dass der beste Braten, den sie jemals
gegessen hat, 4 kg oder schwerer war. Das gewürzte Fleisch wurde
in eine dicke Schicht Alufolie gerollt und über Nacht in die Glut
eines Lagerfeuers gelegt.

Am nächsten Tag war es immer noch kochend heiß und wunderbar
zart. Aber das war in Texas.

Lammkotelette mit Minz-Joghurt-Sauce

4 Portionen

8 Lammkoteletts
2 EL Butter
5 EL Olivenöl
2 TL getrockneter Oregano
1 EL Dijonsenf
1 EL Limonensaft (oder Ersatz)
Salz und frischgemahlener Pfeffer
50 ml Gemüsesuppe
4 EL Joghurt
1 TL Limonensaft (oder Ersatz)
2 EL frische Minze, gehackt
Salz
200 g Basmatireis

Heizen Sie den Ofen auf 220 °C vor.

Für die Sauce mixen Sie Joghurt, Limonensaft (oder Ersatz), Minze und Gewürze. Vermischen Sie alles sehr gut und lassen Sie sie im Kühlschrank ziehen.

Für die Fleischmarinade verrühren Sie Olivenöl, Oregano, Dijonsenf, Limonensaft (oder Ersatz) und Gewürze. Geben Sie die Lammkoteletts in eine große Schüssel, schütten Sie die Marinade darüber und reiben Sie das Fleisch gut damit ein. Bedecken Sie alles mit Alufolie und lassen Sie es 15-20 Minuten ziehen.

Für den Reis bringen Sie die Gemüsesuppe zum Kochen und folgen Sie den Anweisungen auf der Verpackung.

Erhitzen Sie die Butter und ein wenig Olivenöl in einer ofenfesten Pfanne bei hoher Temperatur. Geben Sie die Koteletts hinein und braten Sie jede Seite etwa 2 Minuten, bis sie knusprig braun sind – auch an den Seiten. Nun geben Sie die Pfanne in den Ofen und kochen Sie alles weitere 10 Minuten.

Richten Sie die Koteletts auf dem Teller an. Schöpfen Sie das überschüssige Fett aus der Pfanne ab, erhitzen Sie diese und gießen Sie
den Bratensatz mit Gemüsesuppe auf. Lassen Sie alles kurz aufkochen. Geben Sie etwas von der Sauce auf alle Koteletts. Servieren
Sie alles mit Reis, Minz-Joghurt-Sauce und Gemüse Ihrer Wahl.

Wurzelgemüse aus dem Ofen

4 Portionen als Hauptgericht, 8 Portionen als Beilage

> *3-5 EL Olivenöl*
> *3 mittelgroße feste Kartoffeln, in große Stücke geschnitten*
> *3 mittelgroße Karotten, in große Stücke geschnitten*
> *2 mittelgroße Pastinaken, in 5 cm lange und 1 cm dicke Stücke*
> *geschnitten*
> *1 kleiner Fenchel, gedrittelt, durch das Herzstück zusammengehal-*
> *ten*
> *1 weißer Zwiebel, grob geschnitten*
> *1 roter Zwiebel, grob geschnitten*
> *3-4 Knoblauchzehen, ungeschält (optional)*
> *½ unbehandelte Zitrone, geviertelt (oder Ersatz) (optional)*
> *Salz und frischgemahlener Pfeffer*

Heizen Sie den Ofen auf 180 °C vor.

Vermischen Sie das Gemüse in einer Auflaufform. Würzen Sie mit
Salz und Pfeffer, beträufeln Sie alles mit Olivenöl und mischen Sie
nochmals alles gut durch, damit das Gemüse mit dem Öl bedeckt ist.

Bringen Sie den Fenchel auf den Boden der Auflaufform, da er im
Saft, das während des Kochens aus dem Gemüse entsteht, liegen
soll. Zum Schluss verteilen Sie die Zitronenspalten (oder Ersatz)
mit der Schale nach oben auf dem Gemüse.

Bedecken Sie die Auflaufform mit einem Deckel und braten Sie alles
ungefähr 1 Stunde. Nach etwa ½ Stunde rühren Sie das Gemüse ein

wenig um, damit alles gut mit dem Saft bedeckt ist. Dadurch verhindern Sie, dass der obere Teil austrocknet. Seien Sie dabei sehr
vorsichtig, die Flüssigkeit ist siedend heiß! Drücken Sie den Fenchel
mit einem hölzernen Kochlöffel wieder auf den Boden der Auflaufform, geben Sie den Deckel wieder drauf und schieben Sie alles
retour in den Ofen.

Falls Ihre Ernährung Brot erlaubt, können Sie den Saft später als
köstlichen Dip verwenden.

Sie können dieses Rezept wunderbar nach Ihrem Geschmack ab-
wandeln, und es ist auch für Vegetarier fabelhaft geeignet.

Fusilli alla Genovese

4 Portionen

*350 g Pasta (ohne Weizen, wenn Sie eine niedrige Toleranzgrenze
haben) Fusilli oder irgendeine andere Pastaform Ihrer Wahl
4 EL Olivenöl
1 Handvoll frischer Basilikumblätter (im Ganzen)
1 Handvoll glatte Petersilie, grob gehackt
1 Handvoll Blätter vom Stangensellerie, grob gehackt
Mozzarella, gerieben
Parmesan (optional)
1 TL Pinienkerne oder geröstete Sonnenblumenkerne
100 ml Gemüsesuppe*

Sellerieblätter finden Sie mitten in im Stangensellerie. Sie sind
frisch, zart und haben jede Menge Geschmack.

Für die Pasta bringen Sie gesalzenes Wasser zum Kochen. Geben
Sie die Nudeln Ihrer Wahl hinein.

Rühren Sie gut um, damit die Pasta nicht aneinander kleben bleibt. Kochen Sie die Nudeln so lange, wie auf der Verpackung angegeben ist, oder „al dente".

Während die Pasta gart, geben Sie Basilikum, Petersilie, Sellerieblätter, Pinienkerne/ Sonnenblumenkerne, Mozzarella und Olivenöl sowie eine Prise Salz in einen Mixer und zerkleinern Sie alles zu einer geschmeidigen Masse.

Erhitzen Sie die Gemüsesuppe mit ein bisschen Butter und fügen Sie den Kräuter-Mix hinzu. Köcheln Sie alles auf kleinstmöglicher Stufe, während Sie auf Ihre Pasta warten.

Lassen Sie die Pasta gut abtropfen und vermischen Sie alles gut mit der Genovese-Sauce. Fertig.

Wenn es Ihnen erlaubt ist, bestreuen Sie alles mit ein wenig Parmesan.

Fish Pie

4 Portionen

Fischdurchzogene Milch:
600 g frischer Fisch (z.B. Kabeljau, Schellfisch, Heilbutt oder Fisch
aus Ihrer Region), gehäutet und ohne Gräten
700 ml Vollmilch
1 mittelgroße Zwiebel, grob gehackt
1 mittlere Karotte, grob geschnitten
1 Stangensellerie, grob gehackt
1 Lorbeerblatt
1 Blatt Liebstöckel (optional)
1 Bund frische Petersilie
4-6 Pfefferkörner

Kartoffelbelag:
1 kg mehlige Kartoffeln, geschält und geschnitten
1 EL Butter
Salz und frischgemahlener Pfeffer
Milder Käse wie junger Gouda oder Cheddar, gerieben

Bechamelsauce:
50 g Butter
50 g Mehl Ihrer Wahl (oder Reismehl)
Fischdurchzogene Milch
Salz

Für den Kartoffelbelag bringen Sie etwas gesalzenes Wasser in einem großen Topf zum Kochen. Geben Sie die Kartoffeln hinein und kochen Sie sie etwa 20 Minuten, bzw. bis sie durch sind, gießen Sie sie ab und stellen Sie sie zugedeckt beiseite.

Während die Kartoffeln kochen, pochieren Sie den Fisch wie folgt:

Für die fischdurchzogene Milch geben Sie die Fische in einen Kochtopf, in dem sie alle nebeneinander anordnen können. Bitte bedenken Sie bei der Verarbeitung von Fisch, dass Sie sehr sauber arbeiten müssen! Waschen Sie davor und danach die Hände und alle Oberflächen, die damit in Berührung gekommen sind.

Verteilen Sie Zwiebel, Karotten, Sellerie, Lorbeer, Liebstöckel, Petersilie und die Pfefferkörner rund um den Fisch, dann geben Sie die Milch dazu, so dass alles knapp damit bedeckt ist.

Erwärmen Sie die Milch langsam bei mittlerer Hitze. Sobald sie zu kochen beginnt, sofort vom Herd nehmen. Bedecken Sie den Topf mit einem Deckel. Der Fisch wird darin weiterkochen.

Heizen Sie den Ofen auf 200 °C vor.

Nehmen Sie den Fisch nach 5 Minuten aus der Milch und geben Sie ihn auf einen Teller. Um das Gemüse aus der Milch zu bekommen, schütten Sie die Mischung durch ein Sieb. Geben Sie etwa 5 TL der

Fischmilch über die gekochten Kartoffeln, fügen Sie die Butter, Pfeffer und eine Prise Salz hinzu und zerkleinern Sie alles mit einem Kartoffelstampfer zu groben Püree.

Für die Bechamelsauce zerlassen Sie 50 g Butter bei kleiner Hitze in einen Topf. Fügen Sie die gleiche Menge Mehl Ihrer Wahl hinzu, erhöhen Sie auf mittlere Hitze und rühren Sie ununterbrochen mit einem Holzkochlöffel, bis Sie eine geschmeidige Paste erhalten.

Geben Sie nach und nach ein paar Teelöffel Ihrer warmen Fischmilch dazu, rühren Sie dabei unbedingt weiter, da sich sonst Klumpen bilden könnten. Nehmen Sie nun einen Schneebesen und setzen Sie damit fort, die Milch langsam in die Mehlschwitze einzuarbeiten. Sobald sich alles in eine cremige Sauce verwandelt, reduzieren Sie die Hitze soweit wie möglich und lassen Sie alles etwa 5 Minuten köcheln. Falls die Sauce zu dick wird, geben Sie noch etwas Fischmilch dazu.

Nun können Sie sich zurücklehnen, das war der schwierige Teil, ab jetzt geht's einfach.

Nehmen Sie den gekochten Fisch und überprüfen Sie ihn noch einmal nach eventuell übersehenen Gräten.

Verbinden Sie die Bechamelsauce vorsichtig mit dem Fisch, ohne ihn zu sehr zu zerbrechen.

Geben Sie alles in eine tiefe Auflaufform. Bedecken Sie alles gleichmäßig mit dem Kartoffelpüree. Bestreuen Sie die Fish Pie mit Käse und geben Sie sie für 20-25 Minuten in den Ofen, bis sie leicht braun wird.

Gedünstete Fischtäschchen in Kräutersauce mit Ofen-pommes

4 Portionen

Für die Fischtäschchen:
4 x 150-200 g Fischfilets (Kabeljau, Heilbutt, Lachs, etc.), enthäutet
und ohne Gräten
2 Knoblauchzehen, gepresst
4 TL Petersilie, fein gehackt
1 EL Rosmarin, fein gehackt
Schale und Saft einer ½ unbehandelten Zitrone (oder Ersatz)
5 EL Olivenöl
Salz und Pfeffer

Für die Ofenpommes:
800 g große Kartoffeln
Olivenöl
Salz
Pfeffer (optional)

Heizen Sie den Ofen auf 210 °C vor.

Für die Pommes schneiden Sie die Kartoffeln in 1 cm dicke Stäb-chen (oder Spalten). Blanchieren Sie sie in kochendem Wasser etwa 3 Minuten und lassen Sie sie gut abtropfen. Verteilen Sie die Pommes auf einem Backblech, sodass sie sich nicht berühren, be-träufeln Sie alles gleichmäßig mit Öl und würzen Sie alles gut mit Salz.

Für die Fischtäschchen vermischen Sie Knoblauch, Petersilie, Ros-marin, Zitronenschale und –saft (oder Ersatz) sowie das Olivenöl in einer Schüssel, würzen Sie das Gemisch mit Salz und frischgemah-lenem Pfeffer.

Schneiden Sie 4 große Stücke Alufolie oder Backpapier, die 2x die Größe des Fischs haben, zu. Kontrollieren Sie nochmals, ob noch Gräten im Fisch sind, und geben Sie jeden Fisch auf eine Folie. Waschen Sie Ihre Hände und alle Oberflächen gründlich, bevor und nachdem sie mit dem Fisch in Berührung gekommen sind.

Verteilen Sie die Kräutermarinade gleichmäßig auf jedem Fischfilet. Klappen Sie die Folie über den Fisch und verschließen Sie alles gut, sodass jeder Fisch einen kleinen Hohlraum hat. Dadurch trocknet der Fisch nicht aus und er kann im eigenen Saft dünsten. Geben Sie die Täschchen auf ein Backblech. Sobald der Ofen die erforderliche Temperatur hat, schieben Sie den Fisch in den unteren Teil des Ofens und die Pommes in den oberen Teil. Braten Sie alles 15-20 Minuten, je nach Größe der Filets.

Wenden Sie die Pommes ein- bis zweimal, während sie garen.

Nehmen Sie die Fischtäschchen aus dem Ofen und lassen Sie sie einige Minuten rasten. Öffnen Sie die Täschchen vorsichtig von oben. Achten Sie dabei auf Finger und Gesicht. Hier kann heißer Dampf austreten.

Legen Sie den Fisch auf einen Teller, geben Sie den Saft darüber und servieren Sie alles mit den Pommes und Gemüse Ihrer Wahl.

Sie können verschiedene Varianten dieser Fischtäschchen zubereiten. Eine wäre mit einer Kräuterkombination aus z.b. Basilikum, Schnittlauch, Rosmarin oder Salbei. Eine andere wäre mit Gemüse, wie Karotten und Zucchini, in kleine Streifen geschnitten und über den Fisch gestreut. Das Beste dabei ist die Methode, wie der Fisch gegart wird – verglichen mit anderen Rezepten haben Sie hier kaum Schmutz in der Küche. Es ist eine kleine Anregung, wie Sie mit einfachen Rezepten anfangen können.

Auch bei den Pommes sind unterschiedliche Variationen mit verschiedenen Gewürzen, die für Sie verträglich sind, und Kräutern, die hohe Temperaturen vertragen (wie Rosmarin und Thymian), möglich.

BACKWAREN UND SÜSS-SPEISEN

Histaminarmes Roggen-Dinkel-Brot

1 Brotlaib

> *250 g Dinkelmehl*
> *250 g Roggenmehl*
> *½-1 TL frisch gemahlener Kümmel (z.B. mit einer Pfeffermühle)*
> *1 TL Salz*
> *¼ TL Traubenzucker*
> *15 g Weinsteinbackpulver*
> *1 TL Ahornsirup*
> *400 ml Sodawasser*
> *Mind. ½ l Wasser*

Heizen Sie den Ofen auf 180°C vor (160°C Heißluft).

Geben Sie alle trockenen Zutaten (Mehl, Kümmel, Salz, Traubenzucker, Weinsteinbackpulver) in eine Schüssel und mischen Sie alles gut durch. Geben Sie nach und nach das Sodawasser dazu und rühren Sie alles gut um. Fügen Sie den Ahornsirup dazu und schlagen Sie den Teig 2-3 Minuten mit einem robusten Kochlöffel, damit so viel CO_2 wie möglich entweicht.

Sie können auch ein Handmixgerät auf kleinster Stufe verwenden, möglicherweise wird sich der Teig aber irgendwann um das Gerät wickeln.

Geben Sie etwas Backpapier auf ein Backblech, legen Sie den Teig darauf und formen Sie einen runden Laib. Schneiden Sie mit einem nassen Messer die Oberseite kreuzweise ein. Bestreuen Sie das Brot mit ein wenig Kümmel. Schieben Sie den Laib in den Ofen.

Stellen Sie ein ofenfestes Geschirr mit mind. ½ Liter Wasser unter das Brot. Dadurch wird es noch knuspriger.

Backen Sie den Laib 70-90 Minuten. Überprüfen Sie mit Hilfe eines langen Holz- oder Metallspießes, ob das Innere noch teigig ist. Falls dem so ist backen Sie das Brot weitere 10-20 Minuten.

Nehmen Sie das Brot aus dem Rohr und lassen Sie es komplett abkühlen, bevor Sie es anschneiden.

Klassischer Reispudding

Kann auch aus Tapioka, Maisgrieß oder anderem Getreide hergestellt werden.

> *40 g Rundkornreis*
> *25 g Zucker*
> *500 ml Vollmilch*
> *1 Prise Muskat oder 1 EL Kokosraspeln*
> *Butterflocken*

Nehmen Sie eine ziemlich tiefe ofenfeste Form und vermischen Sie darin Reis, Zucker und Milch. Die Flüssigkeit sollte mindestens 7 cm tief sein. Bestreichen Sie die Oberfläche etwas mit Butterflocken. Bestreuen Sie alles mit Muskat oder Kokosraspeln. Nicht bedecken! Backen Sie alles etwa 2 Stunden im unteren Teil des Ofens bei 150 °C. Sie können den Pudding einfach so genießen oder mit Marmelade, Früchten oder anderen Gewürzen verfeinern.

Das ist die einfachste Art, einen Pudding zuzubereiten. Sie kann unterschiedlich – z.b.: durch Hinzufügen von Vanille - abgewandelt werden.

Man kann die Zutaten anteilig verändern. Sollten Sie eine Laktoseintoleranz haben, können Sie Kokosmilch verwenden, was dem Gericht aber nicht die typische braune Haut geben wird, die die meisten so köstlich finden. Die ist auch der Grund, warum Sie Vollmilch und keine Halbfettmilch verwenden sollten.

Probieren Sie das Rezept aus und lassen Sie Ihre Phantasie spielen.

Einfacher Apfelkuchen

150 g selbsttreibendes Mehl (wenn Sie keines bekommen können, geben Sie Backpulver dazu)

> *75 g Margarine*
> *150 g Kochäpfel (Boskoop oder ähnlich säuerliche Äpfel)*
> *75 g Zucker*
> *Ein wenig Milch*

Schneiden Sie die Äpfel in feine Stückchen.

Mehl wie bei anderen Teigen mit der Margarine abbröseln. Geben Sie die Äpfel dazu und rühren Sie alles gut durch, das Gleiche passiert mit dem Zucker. Rühren Sie nun löffelweise die Milch ein, bis ein sehr solider Teig entsteht. Falls der Teig zu klebrig wird, geben Sie etwas Mehl dazu.

Schütten Sie alles in eine gefettete Springform oder formen Sie auf einem mit Backpapier ausgelegtem Backblech eine runde Form.

Backen Sie den Kuchen 20 Minuten bei 190 °C auf mittlerer Schiene, dann reduzieren Sie die Hitze auf 160 °C und backen Sie ihn weitere 25 Minuten. Er sollte auf der Oberseite leicht braun sein, wenn er fertig ist.

Der Kuchen kann warm oder kalt genossen werden, mit Schlagobers, Joghurt, Vanillesauce oder einer Dessertsauce Ihrer Wahl.

Fetakäse und Minz-Scones

Etwa 15 Scones

350 g selbsttreibendes Mehl (wenn Sie keines bekommen können,
geben Sie extra Backpulver dazu)
1 ½ TL Backpulver
Prise Salz
75 g Butter, Zimmertemperatur
4 EL frische Minze, grob gehackt
150 g Fetakäse, zerbröckelt
1 Ei
150 ml Milch

Den Ofen auf 220 °C vorheizen.

Mehl, Backpulver, Salz und Butter in einer Schüssel zu einem Teig verkneten – zwischen Daumen und Fingern kneten, oder mit dem Knethaken des Handrührgeräts – bis alles wie Brösel aussieht.

Fügen Sie die restlichen Zutaten hinzu und rühren Sie alles, bis sich der Teig von der Schüssel löst (falls er zu sehr klebt, geben Sie etwas mehr Mehl dazu).

Geben Sie den Teig auf eine bestaubte Unterlage und rollen Sie ihn etwa 1 cm dick aus. Stechen Sie mit einem Keksstecher ungefähr 6cm breite Plätzchen aus.

Die Ausstechform dabei nicht zu sehr verdrehen, da die Scones sonst nicht richtig aufgehen. Mit genügend Abstand auf ein beschichtetes Backblech oder -papier legen. Den restlichen Teig erneut ausrollen und die Prozedur wiederholen, bis alles aufgebraucht ist (ca. 15 Stück). Die Scones mit ein wenig Milch bestreichen.

Die Scones etwa 10-15 Minuten backen, bis sie schön aufgegangen und goldbraun sind.

Warm mit ein wenig Butter und einem Stück vom restlichen Fetakäse servieren.

Der unglaublich köstliche Milchkuchen

4 großzügige Portionen

200 g süße Roggenkekse (oder glutenfreie Kekse), zerkleinert
75 g Butter
700 ml Vollmilch
2-3 EL Zucker
6-7 EL Mehl
3 Eier
Mark einer Vanilleschote
Butterflocken
Zimt (gemahlen) - optional

Für den Biskuitboden die Butter schmelzen und die fein zerbröselten Kekse (am besten mit einem Mixer zerkleinern) beifügen. Gut mit den Händen vermischen. Die Mischung in eine runde Backform geben (Durchmesser ca. 27 cm und 2 cm hoch).

Die Masse andrücken und beiseitestellen.

Für die Creme die Vanilleschote der Länge nach mit einem scharfen Messer aufschneiden und das Mark mit einem Teelöffel herauskratzen.

Geben Sie Zucker, Mehl, Eier und Vanille in eine Schüssel und verquirlen Sie alles mit dem Schneebesen.

Die Milch in eine Bain-Marie schütten (siehe unten) und im Wasserbad langsam erhitzen. Sobald die Milch warm wird, die Eier-Vanille-Mehl-Zucker-Mischung hinzufügen und langsam so lange rühren, bis die Masse eine puddingähnliche Textur bekommt, aber immer noch flüssig ist. Das kann ein wenig dauern und hängt auch davon ab, welches Mehl Sie verwendet haben.

Wenn Sie wollen, können Sie Butterflocken hinzufügen, sobald der Pudding fertig ist. Das gibt ihm eine noch feinere Konsistenz. Rühren Sie alles schnell ein und schütten Sie es gleichmäßig über den Biskuitboden. Sie können den Kuchen noch mit ein wenig Zimt bestreuen, wenn Sie möchten. Den Milchkuchen gut abkühlen lassen.

Eine Bain-Marie ist eine schwere Pfanne mit kochendem Wasser, in die man eine Schüssel stellen und Zutaten langsam bei konstanter Temperatur erhitzen kann, wobei man auch verhindert, dass Zutaten anbrennen oder ankleben.

Eine Bain-Marie kann z.b. zur Herstellung von Käsekuchen, Pudding oder Sauce Hollandaise verwendet werden.

Milchkuchen ist eine Spezialität aus Südafrika und wird oft zu Tee oder Kaffee serviert. Das Rezept bekam ich von der reizenden Freundin meines Bruders, die eine vielbeschäftigte Künstlerin und in ihrer Freizeit eine großartige kreative Hobbyköchin ist.

Für dieses Rezept brauchen Sie Zeit und Geduld. Wenn Sie mit dem Rühren des Puddings beginnen, wird sich anfangs gar nichts tun. Sie brauchen dazu die ZEN-Einstellung. Es ist eine großartige Entschuldigung, 30 Minuten lang nichts anderes tun zu können, außer monoton zu rühren – was sehr entspannend sein kann. Und das Endprodukt ist es auf alle Fälle wert.

Vollkorn-schmilzt-im-Mund-Lebkuchen

100 g Weizenmehl (oder glutenfreies Mehl)
¼ TL Salz
½ gestrichener TL Zimt (gemahlen)
3 gestrichene TL Ingwer (gemahlen)
1 gestrichener TL Backsoda
100 g Vollkornmehl (oder glutenfreies Vollkornmehl)
40 g Demerara (brauner) Zucker

100 g Butter
100 g heller Sirup
100 g dunkler Sirup
1 großes Ei
150 ml Milch
10 g Mandelblättchen (optional)

Das Weizenmehl, Salz, Zimt, Ingwer und Backsoda in eine große Schüssel sieben, dann das Vollkornmehl und den braunen Zucker hinzufügen und gut verrühren.

Die Butter, den hellen und dunklen Sirup langsam in einem Topf erhitzen, bis die Butter geschmolzen ist.

Das Ei schlagen und in die Butter rühren.

Alle Zutaten zusammenfügen - falls diese sich nicht einfach aus der Schüssel schütten lassen, geben Sie ein wenig Milch hinzu.

Schütten Sie alles in eine Königskuchenform oder eckige Kuchenform, welches Sie mit Backpapier ausgelegt haben. Streuen Sie die Mandelblättchen darüber.

Backen Sie den Lebkuchen für eine Stunde bei 150 °C in der Mitte des Ofens. Prüfen Sie mittels einer Nadel, ob der Teig ganz durch ist. Die Nadel sollte sauber aus dem Kuchen kommen. Wenn nicht, lassen Sie den Kuchen noch für eine halbe Stunde im Ofen.

Der Kuchen sollte außen fest sein, aber doch elastisch und zurückspringen, wenn Sie ihn mit dem Finger eindrücken (Achtung, heiß!).

Der Kuchen schmeckt noch besser, wenn Sie ihn über Nacht auskühlen lassen.

DIPS UND SAUCEN

Petersilie-Zwiebel-Relish

1 Handvoll Petersilie, fein gehackt
1 Zwiebel, süße Sorte, fein gehackt
Olivenöl
Saft einer halben Zitrone (oder Ersatz)
Salz und Pfeffer

Verrühren Sie die gehackte Petersilie und Zwiebel mit dem Öl und dem Zitronensaft (oder Ersatz) in einer Schüssel. Schmecken Sie die Mischung mit Salz und Pfeffer ab.

Von diesem Rezept erzählte mir eines Abends ein Freund von mir, als das Thema Kochen aufkam. Er berichtete mir, dass dieses Relish sehr verbreitet in Spanien zu Hauptspeisen, in Salaten oder als Aufstrich serviert wird.

Einfache Knoblauchsauce

150 g griechisches Joghurt
1 Knoblauchzehe, gepresst
Salz

Die Zutaten miteinander verrühren und die Sauce zugedeckt für etwa eine halbe Stunde in den Kühlschrank stellen. So kann sich der Geschmack von Joghurt und Knoblauch entfalten.

Tsatsiki

150 g griechisches Joghurt
1-3 Knoblauchzehen, gepresst
Eine halbe Gurke
Salz

Die Gurke schälen und längs durchschneiden, die Kerne mit einem kleinen Löffel herausschaben und die entkernte Gurke grob raspeln. Die geraspelte Gurke in einem feinmaschigen Sieb oder einem anderen Sieb, wo die Raspeln nicht durchfallen können, mit etwa ¼ Teelöffel Salz bestreuen und durchmischen. Ungefähr eine halbe Stunde abtropfen lassen. Das führt dazu, dass das Tsatsiki nicht so wässrig wird. Eventuell die Gurkenraspeln noch einmal fest ausdrücken und in einer Schale mit dem Joghurt und dem Knoblauch verrühren. Fertig!

Auch hier gibt es mehrere Versionen. Manche geben zum Beispiel gerne Zitronensaft (oder Ersatz), frische Dille, Petersilie, Minze, Basilikum, Pfeffer oder Olivenöl, oder eine Kombination dieser Zutaten dazu.

Feigensauce

12 Feigen
3 EL Zucker
235 ml Wasser
1 EL Butter
1 EL Speisestärke oder Reismehl
2 EL Zitronensaft (oder Ersatz)

Das Fruchtfleisch mit einem Teelöffel aus den Feigen herauslösen und in einem kleinen Kochtopf mit Zucker, Wasser und Butter vermischen. Das Ganze zum Kochen bringen und etwa 5 Minuten lang leicht köcheln lassen, oder bis die Feigen weichgekocht sind.

Etwas Speisestärke oder Reismehl mit dem Zitronensaft (oder Ersatz mit etwas Flüssigkeit) verrühren und gut in die Sauce einrühren. Bei niedriger Temperatur weiterköcheln und rühren, bis die Sauce etwas dickflüssiger wird und blubbert.

Diese Sauce passt gut zu Eiscreme und Palatschinken.

Skordalia

250 g mehlige Kartoffeln, geschält
2 mittelgroße Knoblauchzehen, gepresst
7 EL Olivenöl
1 EL Zitronensaft (oder Ersatz)
Salz

In einem Topf gesalzenem Wasser die Kartoffeln garkochen. Die Kartoffeln absieben und kurz auskühlen lassen, sodass sie nicht mehr ganz heiß sind, und mit einem Kartoffelstampfer grob zerteilen. Die zerstampften Kartoffeln, den gepressten Knoblauch, Öl und Salz in einen Mixer geben und bei niedriger Stufe mixen, bis das Ganze cremig wird. Am Ende etwas Zitronensaft (oder Ersatz) dazu mischen und die Skordalia auskühlen lassen.

Dieses kleine Nebengericht kann als Teil einer Vorspeise oder zu Fleischgerichten und auch mediterranen Gerichten serviert werden. Es ist seit Jahren eines meiner Lieblingsgerichte. Am besten schmeckt eine Skordalia, wenn sie kalt ist.

Pestos

30 g Pinienkerne, Kürbiskerne oder Sonnenblumenkerne
Eine große Handvoll frischer Kräuter wie frisches Basilikum, Kori-
ander, Petersilie, Ruccola, junge Sellerieblätter
Olivenöl
1-2 Knoblauchzehen, geschält und grob gehackt
Zitronensaft (oder Ersatz) – optional
Salz

Die Kerne Ihrer Wahl in einer kleinen Bratpfanne bei mittlerer Hitze etwas anbraten. Die Pfanne sollte nicht zu heiß werden, da die Kerne sonst leicht verbrennen und einen bitteren Geschmack bekommen können. Nehmen Sie die Pfanne vom Herd, wenn die Kerne hell angebräunt sind, und geben Sie die Kerne in eine kalte Schale. Lassen Sie die Kerne ganz abkühlen.

Waschen Sie die Kräuter Ihrer Wahl und hacken Sie diese grob, bevor Sie sie in den Mixer geben. Geben Sie den grob gehackten Knoblauch, die gerösteten Kerne, etwas Salz und Pfeffer dazu und schalten Sie den Mixer auf niedriger Stufe ein. Nach und nach Olivenöl dazugeben, bis das Gemisch eine Konsistenz einer Paste bekommt.

Basilikum wird normalerweise als Hauptkomponente in Kombination mit anderen frischen Kräutern für grüne Pestos verwendet. Das klassische Pesto alla Genovese wird aus den Zutaten Basilikum, Pinienkerne, Knoblauch, Olivenöl und Salz hergestellt.

Um ein rotes Pesto zu machen und extra Vitamine einzubauen, können Sie eine entkernte, gegrillte und danach gehäutete rote Paprika (nicht die scharfen!) verwenden.

Pesto passt gut zu vielen Gerichten, zum Beispiel als Zutat eines Kartoffelsalates, wo man noch etwas Zitronensaft (oder Ersatz) dazumischen kann. Es passt auch zu grünem Salat, wo man etwas mehr Olivenöl dazugeben kann, damit sich das Pesto besser verteilt, oder man vermengt das Pesto natürlich mit jeder Art verträglicher Nudeln. Sie können es auch einfach auf ein Knäckebrot oder auf eine Reiswaffel streichen, als kleine Mahlzeit zwischendurch.

Minzsauce

1 Handvoll frische Minze, grob geschnitten
1 EL Zitronensaft (oder Ersatz)
1-2 EL Apfelsaft
1 EL Zucker oder Staubzucker

Alle Zutaten miteinander in einer Schüssel verrühren und zugedeckt im Kühlschrank etwa ½ Stunde ruhen lassen.

23. Das Ernährungstagebuch

Worin liegt der Wert eines Ernährungstagebuches, mögen sich manche fragen. Hier sind die Gründe, warum es so nützlich sein kann, ein Ernährungstagebuch zu führen.

Es kann Ihrem Arzt, Ihrem Diätassistenten und letztendlich ganz besonders Ihnen folgende Hilfestellungen geben:

Dem Grund Ihrer Symptome schneller auf die Schliche zu kommen

Die Reaktionen rückverfolgen zu können

Die notwendigen Änderungen in Ihrer Ernährung machen zu können, ohne auf verträgliche Nahrungsmittel verzichten zu müssen

Versuchen Sie, so viel Information wie notwendig hineinzuschreiben. Je konsequenter Sie das Tagebuch führen, desto eher kommen Sie zu einem positiven Resultat. Hier sind ein paar Grundregeln, was Sie in Ihrem Tagebuch aufschreiben sollten.

Woche beginnend am: Fügen Sie das Datum ein.

Zeit: Fügen Sie die Uhrzeit ein, wann Sie etwas gegessen haben.

Essen und Getränke (inkl. ungefährer Mengen): Schreiben Sie auf, was Sie gegessen haben mit ungefähren Mengenangaben. Das kann zum Beispiel in Litern, Achteln, Vierteln, Halben Litern, Millilitern, Esslöffel, oder Teelöffelmaßen sein. Wenn Sie nichts messen können, weil Sie in einem Restaurant gegessen haben, verwenden Sie Angaben wie „eine Handvoll" oder schreiben Sie eine ungefähre Stückzahl auf.

Reaktionszeit: Fügen Sie die Uhrzeit ein, wann Sie eine Reaktion hatten.

Beschreibung der Symptome: Beschreiben Sie, was passiert ist und wie es dazu kam.

Beispiele:

- „Grollender/Knurrender Magen mit darauffolgendem Durchfall nach xx Minuten/Stunden".

„Rote Flecken, die zu einer juckenden, schmerzenden, erhobenen Schwellungen werden".

Schweregrad (1-10): Notieren Sie auf einer Skala von 1-10, wie schlimm oder schmerzvoll die Symptome werden, auch im Vergleich zu anderen vorangegangenen Symptomepisoden.

Medikamente: Tragen Sie ein, welche Medikamente oder Nahrungsergänzungsmittel Sie genommen haben, inklusive Markennamen und Tablettenangaben (finden Sie im Beipackzettel), wie viele und wann Sie diese eingenommen haben.

Wichtige Schlussfolgerungen in der betreffenden Woche/Notizen: Schreiben Sie auf, ob sich die Symptome Ihrem Empfinden nach verbessert oder verschlechtert haben. Notieren Sie Fragen, die sich bei Ihnen auftun, zum Beispiel, wenn Sie in dieser Woche ein bestimmtes Nahrungsmittel öfter gegessen haben, und die Symptome kurz nach der Mahlzeit aufgetreten sind. Fragen Sie Ihren Arzt/Diätassistenten, was Sie sonst noch aufschreiben sollten.

Datum: _____

Frühstück:

Symptome:

_____

Snack:

Symptome:
_____

Mittagessen:

Symptome:

_____

Snack:

Symptome:
_____

Abendessen:

Symptome:

_____

Snack:

Symptome:
_____

Anmerkungen zu diesem Tag:

www.histamineintolerance.org.uk/food-diary

24. Quellen- & Literaturhinweise

Bücher

Fruktoseintoleranz, Laktoseintoleranz und Histaminintoleranz, Erste Hilfe nach der Diagnose; Mag. Michael Zechmann, Genny Masterman; Berenkamp Verlag,

Histamin-Intoleranz, Histamin und Seekrankheit, Reinhart Jarisch, Thieme Verlag

Histamin-Intoleranz, Endlich Schluss mit den Beschwerden, Thilo Schleip, Trias Verlag

Histaminarm kochen und sich wohl fühlen, Histaminarm Kochen, Verband d. Dipl. Diätassistentinnen & EMB Österreichs, Krenn Verlag

Histaminarm kochen und geniessen, Verband der Dipl. DiätassistentInnen & EMB Österreichs, Krenn Verlag

Nahrungsmittelunverträglichkeit (Histamin Intoleranz), Dr.Grace M.D.Abbot; Dr. Camille Lieners; Dr. Isabella Mayer; Dr. Albert Missbichler; Dr. Markus Pfisterer; Mag. Helmut Schmutz, Verlag: HSC 3001 Mauerbach; Auflage: 1

Wegweiser Nahrungsmittelintoleranzen, Univ. –Doz. Dr. med Maximilian Ledochowski, Trias Verlag

The desk encyclopaedia to microbiology by Moselio Schaechter, Joshua Lederberg, pg 496/497

Oxford Medical Dictionary

Britannica Encyclopaedia

Klinische Studien und wissenschaftliche Abhandlungen

AAAAI support of the EAACI Position Paper on IgG4, S. Allan Bock, MD, Boulder Valley Asthma and Allergy Clinic, Boulder, Colo, The Journal of Allergy and Clinical Immunology, Volume 125, Issue 6 , Page 1410, June 2010

Alcohol-histamine interactions, S M Zimatkin, O V Anichtchik, Alcohol and alcohol-ism (Oxford, Oxfordshire) 34 (2) p. 141-7

Analysis of diamine oxidase gene polymorphisms in patients with inflammatory bowel disease, J. Petersen, H. G. Schwelberger M. Raithel (2001), Inflammation Research 50 p. S68 - S69

Biogene Amine – Ernährung bei Histamin-Intoleranz, Alkoholika, Andreas Steneberger, Umwelt & Gesundheit 2/2007

Biogenic amines in foods: Histamine and food processing, S. Bodmer, C. Imark, M. Kneubühl (1999), Inflammation Research 48 (6) p. 296-300

Clinical and experimental allergy : journal of the British Society for Allergy and Clinical Immunology 23 (12) p. 982-5

Daily variations of serum diamine oxidase and the influence of H1 and H2 blockers: A critical approach to routine diamine oxidase assessment F. Wantke, D. Proud, E. Siekierski, A. Kagey-Sobotka (1998), Inflammation Research 47 (10) p. 396-400

Diamine oxidase(DAO)enzyme and gene. Schwelberger HG. In: Falus A, ed. Histamine: biology and medical aspects. Budapest, Hungary: SpringMed Publishing, 2004:43–52.

Die Mastozytose: Eine Erkrankung der hämopoetischen Stammzelle, Mastocytosis – A Disease of the Hematopoietic Stem Cell, Horny, Hans-Peter; Sotlar, Karl; Valent, Peter; Hartmann, Karin; Dtsch Arztebl 2008; 105(40): 686-92; DOI: 10.3238/arztebl.2008.0686

Die verschiedenen Gesichter der Histaminintoleranz, Konsequenzen für die Praxis, Laura Maintz, Thomas Bieber and Natlija Novak, Deutsches Ärzteblatt 2006; 103(51–52):A 3477–83.

Differenzialdiagnose von Nahrungsmitelunverträglichkeiten, The Differential Diagnosis of Food Intolerance; Zopf, Yurdagül; Baenkler, Hanns-Wolf; Silbermann, Andrea; Hahn, Eckhart G.; Raithel, Martin Dtsch Arztebl Int 2009; 106(21): 359-69; DOI: 10.3238/arztebl.2009.0359

Effects of histamine and diamine oxidase activities on pregnancy: a critical review. Laura Maintz, Verena Schwarzer, Thomas Bieber, Katrin van der Ven, Natalija Novak Human reproduction update 14 (5) p. 485-95

Effect of radiographic contrast media on histamine release from human mast cells and basophils, P T Peachell, S K Morcos (1998),The British journal of radiology 71 (841) p. 24-30

Ernährung im Fokus 10-05 | 10. DIÄTETIK: THEORIE & PRAXIS; Anne Kamp S.222-229;

Ernährungsphysiologie, Biogene Amine und Histamin – Genuss oder Verdruss? By Dr. Missbichler. Dr Markus Pfisterer, Sciotec Diagnostic Technologies GmbH Vienna,

Austria; Privatpraxis Dr. med. M. Pfisterer, Heilbronn, Germany. Ernährung aktuell 3/2007

Genetic variation and lactose intolerance: detection methods and clinical implications. Sibley E et al. Am J Pharmacogenomics 2004;4(4):239-45. PMID 15287817

Histamine 50-Skin-Prick Test: A Tool to Diagnose Histamine Intolerance. Lukas Kofler, Hanno Ulmer, Heinz Kofler; ISRN AllergyVolume 2011 (2011), Article ID 353045, 5 pages. doi:10.5402/2011/353045.

Histamine and histamine intolerance, Laura Maintz, Natalija Novak (2007), The American journal of clinical nutrition 85 (5) p. 1185-96

Histamine content of peanuts. Frémont*, S., Moneret-Vautrin, D., Zitouni, N., Kanny, G. and Nicolas, J. (1999), Allergy, 54: 528–529. doi: 10.1034/j.1398-9995.1999.00132.x

Histamine-free diet: treatment of choice for histamine-induced food intolerance and supporting treatment for chronic headaches. F Wantke, M Götz, R Jarisch (1993)

Histamine intolerance: a metabolic disease? H G Schwelberger (2010) Inflammation research : official journal of the European Histamine Research Society ... [et al.] 59 Suppl 2 p. S219-21

Histamine release during morphine and fentanyl anesthesia, C E Rosow, J Moss, D M Philbin, J J Savarese (1982), Anesthesiology 56 (2) p. 93-6

Histamin-Intoleranz. Jarisch R. Akt Dermatol 2012; 38: 159-166, DOI: 10.1055/s-0031-1291456

Histaminintoleranz : Wie sinnvoll ist die Bestimmung der Diaminoxidase-Aktivität im Serum in der alltäglichen klinischen Praxis? Töndury et al. 2008 Töndury, B; Wüthrich, B; Schmid-Grendelmeier, P; Seifert, B; Ballmer-Weber, B: Allergologie, 31(8):350-356. 2008

Incidence and clinical importance of perioperative histamine release: randomised study of volume loading and antihistamines after induction of anaesthesia. Trial Group Mainz/Marburg, W Lorenz, D Duda, W Dick, H Sitter, A Doenicke, A Black, D Weber, H Menke, B Stinner, T Junginger (1994), Lancet 343 (8903) p. 933-40

Keine Empfehlung für IgG- und IgG4-Bestimmungen gegen Nahrungsmittel, Allergo Journal 2009; 18: 267-273

Nahrungsmittelunverträglichkeiten - Umgang mit Betroffenen im pflegerischen Alltag, Sabine Geyr Oktober 2006.

Non-IgE-mediated mast cell stimulation, F L Pearce (1989), Ciba Foundation symposium 147 p. 74-87; discussion 87-92;

Outcome of a histamine-restricted diet based on chart audit. Journal of Nutritional and Environmental Medicine 2001; Joneja JMV and Carmona Silva C. 11(4):249-262

Practical Aspects of Adverse Reactions to Peanut referencing to Fremont S, Moneret-Vautrain DA, Zitouni N, Kanny G, Nicolas JP; Karen du Plessis, Harris Steinman.

Random and systematic medication errors in routine clinical practice: a multicentre study of infusions, using acetylcysteine as an example; R E Ferner,1 N J Langford,1 C Anton,1 A Hutchings,2 D N Bateman,3 and P A Routledge2

Review of Wireless Sensor Technologies and Applications in Agriculture and Food Industry: State of the Art and Current Trends, Sensors 2009, 9(6), 4728-4750; doi:10.3390/s90604728A

Rook's textbook of dermatology. Steinhoff M. Griffiths C. Church M., Lugar TA. Histamine. In: Burns T, Breathnach S. Cox N. Griffiths C. Eds. Oxford, United Kingdom: Blackwell Science, 2004:9.50-2

Sorbic Acid - Compound Summary (CID 23665582), NCBI – PubChem

Substanzen die DAO negativ beeinflussen. Prof.Dr.med. Ralf Bauer, Universitätsklinikum Bonn Klinik u.Poliklinik f.Dermatologie;

Testing for IgG4 against foods is not recommended as a diagnostic tool: EAACI Task Force Report. Stapel SO, Asero R, Ballmer-Weber BK, Knol EF, Strobel S, Vieths S, Kleine-Tebbe J; EAACI Task Force. Allergy. 2008 Jul;63(7):793-6. doi: 10.1111/j.1398-9995.2008.01705.x. Epub 2008 May 16.

The biochemistry of vitamin B6 is basic to the cause of the Chinese restaurant syndrome. Folkers K., Shizukuishi S., Willis R., Scudder S. L., Takemura K., Longenecker J. B. Hoppe-Seyler's Z. Physiol. Chem. 1984;365:405-414

The histamine content of oriental foods. Chin K. W., Garriga M. M., Metcalfe D. D. Food Chem. Toxicol. 1989;27:283-287

Vorgehen bei Verdacht auf Unverträglichkeit gegenüber oral aufgenommenem Histamin; Leitlinie der Deutschen Gesellschaft für Allergologie und klinische Immunologie (DGAKI), der Gesellschaft für Pädiatrische Allergologie und Umweltmedizin (GPA) und des Ärzteverbandes Deutscher Allergologen (ÄDA); Reese I., Ballmer-Weber B., Beyer K., Erdmann S., Fuchs T., Kleine-Tebbe J., Klimek L., Lepp U.,

Henzgen M., Niggemann B., Saloga J., Schäfer C., Werfel T., Zuberbier T., Worm M; Allergo J 2012; 21 (1):22-30

Wine and headache.R Jarisch, F Wantke (1996), International archives of allergy and immunology 110 (1) p. 7-12

Wirkung, Permeation und Katabolismus von Histamin an isolierten Dickdarmepithelien des Schweins, Frank Ahrens, Dissertation 2003

Verordnungen und Richtlinien

COMMISSION REGULATION (EC) No 2073/2005 of 15 November 2005 on microbiological criteria for foodstuffs

Current EU approved additives and their E Numbers, Food Standards Agency, 26 April 2010

Government Fisheries Policy 2027

Milk and milk products regulations (Scotland), Food Standards Agency, 19 May 2003

RICHTLINIE 2008/100/EG DER KOMMISSION vom 28. Oktober 2008

Verordnung (EU) Nr. 1169/2011 vom 25. Oktober 2011 zur Information der Verbraucher über Lebensmittel

Verordnung über die Zulassung von Zusatzstoffen zu Lebensmitteln zu technologischen Zwecken (Zusatzstoff-Zulassungsverordnung - ZZulV); Ausfertigungsdatum: 29.01.1998, Bundesministeriums der Justiz in Zusammenarbeit mit der juris GmbH

Zusatzstoffe, die zum Färben von Lebensmitteln oder zum Erzielen von Farbeffekten bei Lebensmitteln zugelassen sind, Anlage 1 (zu § 3 Abs. 1 und § 7), Lebensmittel- und Futtermittelgesetzbuch, Bundesrepublick Deutschland.

Korrespondenz

Correspondence with Department of Health, Customer Service, E-Mail Response to your Query : - Ref:DE00000413177 - Test for Histamine Intolerance, 09.06.2009

Correspondence with Dr. Bernhard Manz, Labor Diagnostika Nord, HistaSure Test

Beiträge

Bauchweh nach Spaghetti Bolognese, Christina Maria Hack, 20 September 2003, Die Presse

Burger bars replace NHS coffee shops, Trusts to ditch volunteers for fast-food income, Jo Revill, Health Editor, Guardian/The Observer, 28 May 2006

Costa coffee colonises the NHS, The Independent, 04 November 2008

Ein Polymer-Sensor soll künftig vor verdorbenem Fisch warnen, Deutscher Presse Pool, August 2007

Exklusivinterview mit Prof. Dr. Med Martin Raithel, Oberarzt, Universitätsklinikum Erlangen; November 2012

PharmCare, Fortbildungsartikel 01/2008, Laktoseintoleranz, Fruktoseintoleranz, Fruktosemalabsorption.

Picnic Season: Happy Food Poisoning. The Why? Files, 16. August 2007

Teasing Apart Chemicals, Scientists Unlock One More of Sleep's Secrets, by ANAHAD O'CONNOR, The New York Times Health Supplement, June 15, 2004

University chemists developing 'dipstick' test that could reduce risk of food poisoning, South Carolina University, USC News, 23. March 2007

Welt online, Holger Kroker, Sensoren wachen über lückenlose Kühlkette, 25.11.2005

Which? Magazine, The truth about allergy testing, August 2008 Edition.

Andere Quellen

Ärzte –Patienten Seminar in Erlangen, 7. Juli 2012, Vortrag Dr. Konturek

Fakten über Mononatriumglutamat, Food Today 11/2002, EUFIC - Europäisches Informationszentrum für Lebensmittel

Food Standards Agency UK, Independent Government Agency to protect public health

Patienteninformation Lactose-Intoleranz, Klinik Universität Mainz,

Patienteninformation, Histaminunverträglichkeit - Histaminintoleranz, Facharztpraxis Labor Doz. Schön

Patient information leaflet, acetylcysteine for prevention of kidney damage, UHSM Foundation Trust, review April 2009

Prim. Doz. DDr. Hans Schön, Institutsletter: Lactoseintoleranz, Milchzuckerunvertrrräglichkeit, Dr. Schön – Zöliakie – Praktische Tipps Institutsletter, Ausgabe 20/06

Vickerstaff Health Services Inc, Dietary Management of Histamine Intolerance

Webseiten

nmi-Portal - www.nahrungsmittel-intoleranz.com

Floridsdorfer Allergiezentrum - http://www.faz.at/home.html

Ambulanz für Laktose-, Fruktose-, Histaminintoleranz und Nahrungsmittelunverträglichkeiten
KH Hietzing, 1. Medizinische Abteilung in Kooperation mit Selbsthilfegruppe FruLak & Co - http://www.frulakco.at/einschliessen/ambulanz.html

Schweizerische Interessengemeinschaft Histamin-Intoleranz (SIGHI)
http://www.histaminintoleranz.ch

Mastozytose Initiative - Selbsthilfenetzwerk e.V. - www.mastozytose.com

Leben mit Lactoseintoleranz, Verein der Laktoseintoleranz - www.vli-ev.de

Bundesministerium der Justiz – www.gesetze-im-internet.de

Allergy UK - www.allergyuk.org

Coeliac UK - www.coeliac.org.uk/coeliac_disease

Food Standards Agency - http://www.food.gov.uk
Keeping food safe – cleaning, Food Standards Agency
Healthy diet – Hygiene Standards, Food Standards Agency
Healthy diet – Fruit & veg, Food Standards Agency
Healthy diet – Starchy foods, Food Standards Agency
Health issues – Fish allergy, Food Standards Agency
Current EU approved additives and their E Numbers

University of Iowa – Dietary Fructose Intolerance -
www.uihealthcare.com/topics/medicaldepartments/foodandnutrition/dfi/index.html

Foodsmatter.com - http://www.foodsmatter.com

NHS Choices - www.eatwell.gov.uk

Notes from a hospital bed, the ramblings of a poor sod forced to spend months in traction in an NHS hospital - www.blogcatalog.com/blog/welcome-to-wallyworld/a46e93e40d6c0733fdac1e6bd43c7c5c

Initiative of Wageningen University, Netherlands - www.food-info.net, alphabetical list of E-numbers

NCBI – PubChem

Photos:

Photo Genny Masterman (Cover): © Andreas Komenda

Besonderen Dank an:

Ronke Shona in London!

Printed in Great Britain
by Amazon